작심3일
10번으로
일본어 끝내기

기초

뭐하러 꾸준히 해?
3일씩만
열심히 할 건데...?

홀비적 -

🛡️ 시사일본어사

왜 작심삼일인가? ✦

세상에 계획을 안 세우거나 못 세우는 사람은 없다.

올 여름엔 다이어트를 해야지, 일본어를 꼭 마스터해야지,

올해엔 책 좀 많이 읽어야지….

이번에는 꼭 해야지! 이번만큼은 기필코 해야지!

다짐하고 또 다짐하지만 마음먹은 일을 끝까지 해내는

사람은 정작 드물다.

오죽하면 작심삼일이라는 사자성어까지 있지 않은가.

'나는 왜 3일을 넘기지 못하는 걸까' 자책도 해 보지만

작심삼일이면 또 어떤가?

비록 3일 만에 끝나는 작심이라도

아예 시작도 안 하는 것보다는 훨씬 낫지 않은가?

우선 3일, 일단 시작이라도 해 보자.

> 작심 1단계 작심삼일이라도 좋다. 일단 작심한다.
>
> 작심 2단계 딱 3일만 목표에 집중하고 그다음은 쉬자.
>
> 작심 3단계 딱 10번만 작심하자.

딱 3일씩 10번만 작심해 보자.

언젠가 포기했던 일본어 끝내기의 길이 열리도록.

"단기간에 말하기와 듣기를 모두 잘하고 싶어요."

일본어를 공부하는 모든 이들의 공통적인 희망 사항입니다. 어떻게 하면 회화를 잘할 수 있을까요? 의사소통을 잘하려면 기초 문법이 탄탄해야 합니다. 기초적인 문법만 잘 활용해도 문장을 매끄럽게 연결시킬 수 있습니다. 많은 학습자들이 문법은 어렵고 딱딱하고 재미없다며 회화 표현부터 배우고 싶어합니다. 하지만 기초 공사를 하지 않고 집을 지을 수 없듯이, 기초 문법을 이해하지 않은 상태에서 회화 문장을 공부하면 효과도 없을 뿐만 아니라 시간만 낭비하게 됩니다.

본 교재는 일본어를 처음 시작하는 분, 기초 문법을 매번 중도에 포기하는 분들께 문법에 대한 두려움을 없애고, 끝까지 독파할 수 있도록 기획한 교재입니다. 또한 단순히 문법 이론만 공부할 수 있는 것이 아니라, 실생활에서 자주 쓰이는 표현들을 학습하여 바로 회화에 활용할 수 있게 만든 '말이 되는' 문법 교재라고 할 수 있습니다.

예전에는 '작심삼일'이 부정적인 의미였지만, 요즘에는 "작심삼일이면 어때? 작심삼일을 여러 번 하면 되지?" 하고 생각하는 사람들이 많습니다. 본 교재를 통해 일본어 문법에 재미를 느낄 수 있기를 기대하며, 작심삼일 열 번째 이야기까지 제가 함께할 것입니다.

끝으로 저에게 학문의 끈을 놓지 않도록 언제나 채찍과 당근을 아끼지 않고 용기를 주시는 동국대학교 이경철 교수님께 이 자리를 빌어 진심으로 감사의 말씀을 드립니다.

저자 오채현

'어떻게 하면 일본어 기초 문법을 끝까지 공부할 수 있을까?'

1년 넘게 일본어를 배웠지만 기본적인 문법 내용조차 기억나지 않아 말문이 막혀 버린 적은 없나요? 기초 문법이 탄탄해야 한다는 건 모두 알고 있지만, 무언가를 끝까지 공부한다는 것은 누구든 쉽지 않은 일입니다.

본 교재는 기초 문법을 탄탄히 다지고, 회화 감각을 살릴 수 있도록 지루하지 않게 핵심만 골라 놓았습니다. 3일에 한 번씩만 작심합시다.

3일에 한 가지씩
기초 문법 끝내기

3일씩 10번 만에 일본어 기초 문법을 끝낼 수 있도록 구성해 놓았습니다. **말하기 위한 일본어의 기초 문법이 다 포함되어 있으며**, 어떤 문법이든 3일에 정리할 수 있습니다.

더 이상 복잡한 문법 때문에 포기 하지 말고, 실생활에서 필요한 문법을 끝까지 재미있게 공부해 봅시다.

 동사 て형

동사의 'て형'이란 무엇일까요? 우리말로 '~하고, ~해서'의 뜻으로 문장을 연결해 주는 중요한 역할을 해요. '밥 먹고', '영화 보고', '비가 와서' 등의 표현을 하려면 이 'て형'이 꼭 필요해요. 'て형'으로 바꾸는 방법이 복잡해서 자주 실수를 하게 되는 부분이니 반 드시 제대로 이해하고 넘어가야 합니다. 'て형'을 알 면 과거형 'た형'도 금세 할 수 있어요. 그럼, 네 번째 작심삼일 시작해 볼까요?

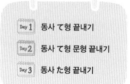

Day 1 동사 て형 끝내기

Day 2 동사 て형 문형 끝내기

Day 3 동사 た형 끝내기

★ **sisabooks.com에 들어가시면 무료로 음성 강의를 들으실 수 있습니다.**
   sisabooks.com 접속 → '시사일본어사' 클릭 후 로그인 → 상단의 'MP3도서' 클릭 →
   도서 목록에서 '작심3일 10번으로 일본어 끝내기' 클릭

1
간단하게 핵심만 콕콕
짚어주는 **핵심문법 1단계**

Day 1 **동사 て형 끝내기**

1 핵심문법 1단계

동사의 て형이란? '~하고', '~해서'라는 뜻이에요. て형 으로 바꿀 때, て그룹에 주의해야 합니다. 끝 글자가 어떻게 끝나는지와 따라 다르게 변해요.

동사 て형 바꾸기

구분	기본형	て형
1그룹	う → って	あう 만나다	あって 만나고/만나서
		まつ 기다리다	まって 기다리고/기다려서
	る → って	おくる 보내다	おくって 보내고/보내서
	む → んで	のむ 마시다	のんで 마시고/마셔서
	ぶ → んで	あそぶ 놀다	あそんで 놀고/놀아서
	ぬ → んで	しぬ 죽다	しんで 죽고/죽어서
	く → いて	かく 쓰다	かいて 쓰고/써서
	ぐ → いで	いそぐ 서두르다	いそいで 서두르고/서둘러서
	す → して	おす 누르다	おして 누르고/눌러서
	いく	いく 가다	いって 가고/가서
2그룹	る → て	おきる 일어나다	おきて 일어나고/일어나서
		たべる 먹다	たべて 먹고/먹어서
3그룹	불규칙활용	する 하다	して 하고/해서
		くる 오다	きて 오고/와서

2
1단계 문법의 응용 표현을 빠르게
습득할 수 있는 **핵심문법 2단계**

2 핵심문법 2단계

て형이 문장에서 어떻게 기능을 하는지 그리고 관련 문형은 뭐가 있는지 알아봐요.

★ **~て(で)** ~하고, ~해서
・앞의 문장을 순접할 때 사용해요.
ともだち に あって ほんや へ 行きます。
친구를 　　만나서 　　서점에 　　갑니다

★ **~て(で) + から** ~하고 나서
・시간적인 전후를 나타낼 때 사용해요.
べんきょう を して から テレビ を 見ます。
공부를 　　하고 나서 　　텔레비전을 봅니다

★ **~て(で) + ください** ~해 주세요, ~하세요
・가벼운 지시나 부탁 혹은 의뢰에 사용하는 표현이에요.
ほん を よんで ください。
책을 　　읽어 　　주세요

いく(가다)의 て형 주의하기
핵심문법에서 いく(가다) て형에만 'いって'가 되어 나서, 예외적으로 'いいて'가 아니라서요.

3
실생활에서 많이 사용하는 표현을
원어민 발음으로 들으면서 학습할
수 있는 **실생활 문장 익히기**

원어민 발음 듣기
QR코드

3 실생활 문장 익히기

동사 て형을 생각하면서 실생활 예문을 읽어 보세요.

新聞 を 読んで から 会社 へ 行きます。
신문을 읽고 나서 회사에 갑니다.

明日 までに メール を 送って ください。
내일까지 메일을 보내 주세요.

映画 を 見て ビール を 飲みます。
영화를 보고 맥주를 마십니다.

レポート を 出して から 友達 に 会います。
리포트를 제출하고 나서 친구를 만납니다.

お名前 を 書いて ください。
성함을 써 주세요.

ソース を かけて 食べて ください。
소스를 뿌려서 드세요.

山手線 に のりかえて 新宿 へ 行きます。
야마노테 선으로 갈아타고 신주쿠에 갑니다.

新聞 신문 | 読む 읽다 | 会社 회사 | 明日 내일 | 映画 영화 | レポート 리포트 제출하다 |
ソース を かける 소스를 뿌리다 | ~に のりかえる ~으로 갈아타다

4
학습한 내용을 확실하게
내 것으로 만들어 주는
확인 문제

4 확인 문제

다음 빈칸에 알맞은 히라가나를 넣어 보세요.

① 내일까지 메일을 보내 주세요.
明日 までに メール を 送　　 ください。

② 여기에 성함을 써 주세요.
ここに お名前 を 　　 ください。

③ 영화를 보고 맥주를 마십니다.
映画 を 　　 ビール を 　　 ます。

④ 리포트를 제출하고 나서 친구를 만나고요.
レポート を 出し　　 　友達 に 　会い　　。

다음 문장을 일본어로 말해 보세요.

1
소스를
뿌려서 드세요.

2
내일까지 메일을
보내 주세요.

3
야마노테선으로 갈아타고,
신주쿠 역에 갑니다.

목차

나의 학습 체크리스트 ✧✧

	Day 1	Day 2	Day 3
★ 첫 번째 작심삼일	⬜ ⬜	⬜ ⬜	⬜ ⬜
★ 두 번째 작심삼일	⬜ ⬜	⬜ ⬜	⬜ ⬜
★ 세 번째 작심삼일	⬜ ⬜	⬜ ⬜	⬜ ⬜
★ 네 번째 작심삼일	⬜ ⬜	⬜ ⬜	⬜ ⬜
★ 다섯 번째 작심삼일	⬜ ⬜	⬜ ⬜	⬜ ⬜

예시와 같이 학습한 내용을
간단히 적어 체크리스트를 완성해 보세요.

	1 / 4	✓
☐ 동사 분류 끝		
☐ 조사 OK		

	Day 1	Day 2	Day 3
★ 여섯 번째 작심삼일	············· ☐ _____ ☐ _____	············· ☐ _____ ☐ _____	············· ☐ _____ ☐ _____
★ 일곱 번째 작심삼일	············· ☐ _____ ☐ _____	············· ☐ _____ ☐ _____	············· ☐ _____ ☐ _____
★ 여덟 번째 작심삼일	············· ☐ _____ ☐ _____	············· ☐ _____ ☐ _____	············· ☐ _____ ☐ _____
★ 아홉 번째 작심삼일	············· ☐ _____ ☐ _____	············· ☐ _____ ☐ _____	············· ☐ _____ ☐ _____
★ 열 번째 작심삼일	············· ☐ _____ ☐ _____	············· ☐ _____ ☐ _____	············· ☐ _____ ☐ _____

작심삼일 시작하기 전

꼭! 알고 넘어가야 할

일본어 발음!

1 일본어는 히라가나부터! ✨

	あ단		い단		う단		え단		お단	
あ행	あ	아 [a]	い	이 [i]	う	우 [u]	え	에 [e]	お	오 [o]
か행	か	카 [ka]	き	키 [ki]	く	쿠 [ku]	け	케 [ke]	こ	코 [ko]
さ행	さ	사 [sa]	し	시 [shi]	す	스 [su]	せ	세 [se]	そ	소 [so]
た행	た	타 [ta]	ち	치 [chi]	つ	츠 [tsu]	て	테 [te]	と	토 [to]
な행	な	나 [na]	に	니 [ni]	ぬ	누 [nu]	ね	네 [ne]	の	노 [no]
は행	は	하 [ha]	ひ	히 [hi]	ふ	후 [hu]	へ	헤 [he]	ほ	호 [ho]
ま행	ま	마 [ma]	み	미 [mi]	む	무 [mu]	め	메 [me]	も	모 [mo]
や행	や	야 [ya]			ゆ	유 [yu]			よ	요 [yo]
ら행	ら	라 [ra]	り	리 [ri]	る	루 [ru]	れ	레 [re]	ろ	로 [ro]
わ행	わ	와 [wa]							を	오 [wo]
ん행	ん	응 [N]								

2 외래어는 가타카나로! ✨

	ア단		イ단		ウ단		エ단		オ단	
ア행	ア	아 [a]	イ	이 [i]	ウ	우 [u]	エ	에 [e]	オ	오 [o]
カ행	カ	카 [ka]	キ	키 [ki]	ク	쿠 [ku]	ケ	케 [ke]	コ	코 [ko]
サ행	サ	사 [sa]	シ	시 [shi]	ス	스 [su]	セ	세 [se]	ソ	소 [so]
タ행	タ	타 [ta]	チ	치 [chi]	ツ	츠 [tsu]	テ	테 [te]	ト	토 [to]
ナ행	ナ	나 [na]	ニ	니 [ni]	ヌ	누 [nu]	ネ	네 [ne]	ノ	노 [no]
ハ행	ハ	하 [ha]	ヒ	히 [hi]	フ	후 [hu]	ヘ	헤 [he]	ホ	호 [ho]
マ행	マ	마 [ma]	ミ	미 [mi]	ム	무 [mu]	メ	메 [me]	モ	모 [mo]
ヤ행	ヤ	야 [ya]			ユ	유 [yu]			ヨ	요 [yo]
ラ행	ラ	라 [ra]	リ	리 [ri]	ル	루 [ru]	レ	레 [re]	ロ	로 [ro]
ワ행	ワ	와 [wa]							ヲ	오 [wo]
ン행	ン	응 [N]								

3 탁음·반탁음·요음

탁음

が ^가 [ga]	ぎ ^기 [gi]	ぐ ^구 [gu]	げ ^게 [ge]	ご ^고 [go]
ざ ^자 [za]	じ ^지 [ji]	ず ^즈 [zu]	ぜ ^제 [ze]	ぞ ^조 [zo]
だ ^다 [da]	ぢ ^지 [ji]	づ ^즈 [zu]	で ^데 [de]	ど ^도 [do]
ば ^바 [ba]	び ^비 [bi]	ぶ ^부 [bu]	べ ^베 [be]	ぼ ^보 [bo]

반탁음

ぱ ^파 [pa]	ぴ ^피 [pi]	ぷ ^푸 [pu]	ぺ ^페 [pe]	ぽ ^포 [po]

요음

きゃ ^캬 [kya]	きゅ ^큐 [kyu]	きょ ^쿄 [kyo]
ぎゃ ^갸 [gya]	ぎゅ ^규 [gyu]	ぎょ ^교 [gyo]
しゃ ^샤 [sha]	しゅ ^슈 [shu]	しょ ^쇼 [sho]
じゃ ^쟈 [ja]	じゅ ^쥬 [ju]	じょ ^죠 [jo]
ちゃ ^챠 [cha]	ちゅ ^츄 [chu]	ちょ ^쵸 [cho]
にゃ ^냐 [nya]	にゅ ^뉴 [nyu]	にょ ^뇨 [nyo]
ひゃ ^햐 [hya]	ひゅ ^휴 [hyu]	ひょ ^효 [hyo]
びゃ ^뱌 [bya]	びゅ ^뷰 [byu]	びょ ^뵤 [byo]
ぴゃ ^퍄 [pya]	ぴゅ ^퓨 [pyu]	ぴょ ^표 [pyo]
みゃ ^먀 [mya]	みゅ ^뮤 [myu]	みょ ^묘 [myo]
りゃ ^랴 [rya]	りゅ ^류 [ryu]	りょ ^료 [ryo]

4 촉음 'っ' ✩✩

촉음은 'つ'를 작게(っ) 표시하여, 한국어의 받침 역할을 합니다.
음의 길이가 우리의 받침과는 달리 한 박자이므로 주의합시다.

---

❶ 'ㄱ' 받침이 되는 경우

촉음 っ가 か행 'か・き・く・け・こ' 앞에 올 때

> **예** がっこう [가ㄱ꼬-] 학교

---

❷ 'ㅂ' 받침이 되는 경우

촉음 っ가 ぱ행 'ぱ・ぴ・ぷ・ぺ・ぽ' 앞에 올 때

> **예** いっぱい [이ㅂ빠이] 가득, 한 잔

---

❸ 'ㅅ' 받침이 되는 경우

촉음 っ가 さ행 'さ・し・す・せ・そ',
た행 'た・ち・つ・て・と' 앞에 올 때

> **예** ざっし [자ㅅ시] 잡지
> おっと [오ㅅ또] 남편

조금만 더
화이팅!!!

5 발음 'ん' ✤

일본어의 'ん'도 우리말의 받침과 같은 역할을 합니다. 뒤에 오는 글자에 따라 발음이 달라지며, 한 박자이므로 주의합시다.

❶ **'ㄴ'으로 발음되는 경우**

'さ・ざ・た・だ・な・ら행' 앞에서

예 べんり [벤–리] 편리

❷ **'ㅁ'으로 발음되는 경우**

'ま・ば・ぱ행' 앞에서

예 かんぱい [캄–빠이] 건배

❸ **'ㅇ'으로 발음되는 경우**

'か・が행' 앞에서

예 にほんご [니홍–고] 일본어

'あ・は・や・わ행' 앞이나 또는 맨 끝에 올 때

예 でんわ [뎅–와] 전화
げんいん [겡–잉–] 원인

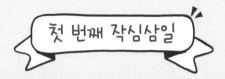

명사와 존재 표현

명사와 존재 표현

세상의 모든 것들은 이름을 가지고 있죠? 처음 만난 사람과 인사할 때 '저는 ~입니다'라고 자기 이름을 말할 거예요. 이렇게 명사에는 이름과 같은 고유명사와 사물의 이름을 나타내는 보통명사 등이 있어요. 종류는 많지만 일본어는 한국어와 비슷해서 30분만 투자해도 명사 활용 정도는 간단하게 끝낼 수 있답니다. 대명사와 존재 표현도 함께 알아봅시다. 그럼, 첫 번째 작심삼일 시작해 볼까요?

 Day 1 **명사 끝내기**

 Day 2 **지시대명사 끝내기**

 Day 3 **존재 표현과 위치 표현 끝내기**

명사 끝내기

핵심문법 1단계

먼저, 명사의 긍정 표현과 부정 표현을 알아봅시다.

★ 긍정 표현

• **명사 + だ / です** : ~이다 / 입니다

_{각 - 세 - 이} _다 _{각 - 세 - 이} _{데 스}
がくせい + だ ➡ がくせい + です
학생   이다   학생   입니다

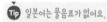

Tip 일본어는 물음표가 없어요.

'_{데 스}です。'를 '_{데 스 까}ですか。'로 바꾸면, '~입니까?'가 됩니다. 하지만 일본어에서는 의문문이라도 물음표(?)는 붙이지 않아요.

★ 부정 표현

• **명사 + じゃない(です)** : ~이 아니다(아닙니다)

_{각 - 세 - 이 다} _{각 - 세 - 이 자 나 이}
がくせいだ ➡ がくせいじゃない
학생이다   학생이 아니다

_{각 - 세 - 이 자 나 이 데 스}
➡ がくせいじゃないです
학생이 아닙니다

Tip 알아 둡시다!

_{자 나 이 데 스} _{자 아 리 마 셍 -}
~じゃないです는 ~じゃありません이라고도 해요. 그리고
_자 _{데 와}
じゃ는 주로 회화체에서 사용하고, 문장에서는 では를 사용해요.

2 핵심문법 2단계 ✦☆

과거와 과거 부정 표현도 알아 두어야겠죠? 말 그대로 과거는 '~이었다'이고, 과거 부정은 '~이(가) 아니었다'가 됩니다. 다소 혼동될 것 같지만, 계속 등장하는 표현이니까 한 번에 이해하고 넘어갑시다.

★ 과거 표현

• **명사 +** だった / でした : ~이었다 / 이었습니다

각 ― 세 ― 다　　　　　　　　　각 ― 세 ― 닷 ― 따
がくせいだ　➡　がくせいだった

학생이다　　　　　　　　　　학생이었다

각 ― 세 ― 데 ― 스　　　　　　각 ― 세 ― 데 시 따
がくせいです　➡　がくせいでした

학생입니다　　　　　　　　　　학생이었습니다

★ 과거 부정 표현

• **명사 +** じゃなかった(です) : ~이 아니었다(아니었습니다)

각 ― 세 ― 자 나 이　　　　　　각 ― 세 ― 자 나 갓 ― 따
がくせいじゃない　➡　がくせいじゃなかった

학생(이) 아니다　　　　　　　　학생이 아니었다

　　　　　　　　　　각 ― 세 ― 자 나 갓 ― 따 데 스
　　　　　➡　がくせいじゃなかったです

　　　　　　　　　　학생이 아니었습니다

> **Tip** 알아 둡시다!
> ‥‥‥‥‥‥‥‥‥‥‥‥‥‥‥‥‥‥‥‥‥‥‥‥‥‥‥‥‥‥
> 자 나 갓 ~ 따 데 스　　　　자 아 리 마 셍 ~ 데 시 따
> ~じゃなかったですは~じゃありませんでした라고도 하니까 잘 알아 둡시다.

3 실생활 문장 익히기

 명사를 생각하면서 실생활 예문을 읽어 보세요.

<ruby>わ</ruby><ruby>た</ruby><ruby>し</ruby><ruby>は</ruby>　かんこくじんです。

わたしは　かんこくじんです。

저는 한국인**입니다.**

- -

さとうさんは　かいしゃいんですか。

사또 씨는 회사원**입니까?**

- -

わたしは　こうこうせいです。

저는 고등학생**입니다.**

- -

きょうは　やすみじゃありませんでした。

오늘은 휴일이 **아니었습니다.**

- -

わたしは　にほんじんじゃないです。

저는 일본인이 **아닙니다.**

- -

やまださんは　せんせいでした。

야마다 씨는 선생님**이었습니다.**

- -

かんこくじん 한국인 ｜ かいしゃいん 회사원 ｜ こうこうせい 고등학생 ｜
やすみ 휴일 ｜ にほんじん 일본인

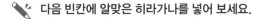

4 확인 문제

✎ **다음 빈칸에 알맞은 히라가나를 넣어 보세요.**

① 저는 한국인입니다.

わたしは　かんこくじん␣␣␣。
(와 따 시 와)　(캉 - 코 꾸 진 -)

② 오늘은 휴일이 아니었습니다.

きょうは　やすみじゃありません␣␣␣。
(쿄 - 와)　(야 스 미 쟈 아 리 마 센 -)

③ 저는 고등학생이 아닙니다.

わたしは　こうこうせい␣␣␣␣␣です。
(와 따 시 와)　(코 - 꼬 - 세 -)　(데 스)

④ 야마다 씨는 선생님이었습니다.

やまださんは　せんせい␣␣␣。
(야 마 다 상 - 와)　(센 - 세 -)

🔊 **다음 문장을 일본어로 말해 보세요.**

1
저는 고등학생
입니다.

2
사또 씨는
회사원입니까?

3
저는 일본인이
아닙니다.

조금만 더
화이팅!!!

정답 185쪽

Day 2

지시대명사 끝내기

핵심문법 1단계 ✧

지시대명사 '이, 그, 저, 어느'는 '코, 소, 아, 도'로 외우면 간단해요.

★ **지시대명사**
- 말하는 사람과 가까우면 こ^코(이)
- 듣는 사람과 가까이 있는 것은 そ^소(그)
- 양쪽 모두 멀리 떨어져 있는 것은 あ^아(저)
- 무엇인지 모를 때는 ど^도(어느)

	こ	そ	あ	ど
사물	^{코 레} これ 이것	^{소 레} それ 그것	^{아 레} あれ 저것	^{도 레} どれ 어느 것
명사 수식	^{코 노} この + 명사 이~	^{소 노} その + 명사 그~	^{아 노} あの + 명사 저~	^{도 노} どの + 명사 어느~
장소	^{코 꼬} ここ 여기	^{소 꼬} そこ 거기	^{아 소 꼬} あそこ 저기	^{도 꼬} どこ 어디
방향	^{코 찌 라} こちら 이쪽	^{소 찌 라} そちら 그쪽	^{아 찌 라} あちら 저쪽	^{도 찌 라} どちら 어느 쪽

- A : ^{소 레 와} それは ^{난 - 데 스 까} なんですか。 **그것은 무엇입니까?**

  B : ^{코 레 와} これは ^{사 이 후 데 스} さいふです。 **이것은 지갑입니다.**

2 핵심문법 2단계 ✯✯

일본어에서 명사와 명사의 사이는 'の'로 연결해요. 이 때 'の'는 우리말로 해석하지는 않아요. 하지만 소유를 나타내는 'の'는 '~의(것)'라고 해석해요. 'の'의 용법과 더불어 '나/저', '당신', '그/그녀' 등을 가리키는 인칭대명사도 같이 알아봅시다.

★ **조사 の**
- ① 명사 + の + 명사
- ② ~의
- ③ ~의 것

코 레 와   니 홍 - 고 노   혼 - 데 스
• これは　にほんごの　ほんです。　이것은 일본어 책입니다.

아 레 와   다 레 노   카 반 - 데 스 까
• A : あれは　だれの　かばんですか。　저것은 누구의 가방입니까?

와 레 와   와 따 시 노   카 반 - 데 스
B : あれは　わたしの　かばんです。　저것은 저의 가방입니다.

코 레 와   다 레 노 데 스 까
• A : これは　だれのですか。　이것은 누구 거예요?

소 레 와   와 따 시 노 데 스
B : それは　わたしのです。　그것은 저의 것입니다.

★ **인칭대명사**

1인칭	2인칭	3인칭	부정칭
와 따 시 わたし 나, 저	아 나 따 あなた 당신	카 레 かれ 그 카 노 죠 かのじょ 그녀	다 레 だれ 누구 도 나 따 どなた 어느 분

3 실생활 문장 익히기

📖 **대명사를 생각하며 실생활 예문을 읽어 보세요.**

いりぐちは **どちら**ですか。 입구는 어느 **쪽**입니까?
_{이리구찌와　도찌라데스까}

これは にほんの おかねです。 이것은 일본 돈입니다.
_{코레와　니혼－노　오까네데스}

これは やまださんの さいふですか。
_{코레와　야마다산－노　사이후데스까}

이것은 야마다 씨의 지갑입니까?

その さいふは **わたしの**じゃないです。
_{소노　사이후와　와따시노　쟈나이데스}

그 지갑은 제 것이 아닙니다.

あれは すずきさんの ぼうしです。
_{아레와　스즈키산－노　보－시데스}

저것은 스즈키 씨의 모자입니다.

トイレは **どこ**ですか。 화장실은 **어디**입니까?
_{토이레와　도꼬데스까}

これは ちかてつの ろせんずです。
_{코레와　치카테쯔노　로센－즈데스}

이것은 지하철 노선도입니다.

いりぐち 입구 ｜ おかね 돈 ｜ さいふ 지갑 ｜ ぼうし 모자 ｜ ろせんず 노선도

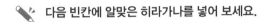

4 확인 문제

✏️ **다음 빈칸에 알맞은 히라가나를 넣어 보세요.**

1 저것은 스즈키 씨의 모자입니다.

□□ は すずきさん □ ぼうしです。
와　　스즈키산　　　보ー시데스

2 이것은 지하철 노선도입니다.

□□ は ちかてつ □ ろせんずです。
와　　치카테쯔　　　로센ー즈데스

3 이것은 야마다 씨의 지갑입니까?

これは やまださん □ □□ ですか。
코레와　야마다산ー　　　　　데스까

4 그 지갑은 제 것이 아닙니다.

□□ さいふは わたし □□ ないです。
　　사이후와　　와따시　　　　나이데스

🔊 **다음 문장을 일본어로 말해 보세요.**

1
입구는
어느 쪽입니까?

2
이것은
일본 돈입니다.

3
화장실은
어디입니까?

내일도
할꺼징?

정답 185쪽

┃ 핵심문법 1단계 ✦✧

존재 표현이란? '있다, 없다'를 말해요. 일본어에서는 사물이냐 사람이냐에 따라 '있습니다(있어요)'가 'あります', 'います'로 나뉩니다.

★ **あります** 사물이나 식물이 있을 때◄

> 니 와 니   쿠 루 마 가   아 리 마 스
> **にわに くるまが あります。**
> 마당에 자동차가 있습니다.

약속, 아르바이트, 질문 등 눈에 보이지 않는 것에도 'あります'를 사용해요.

> 테 - 부 루 니   하 나 가   아 리 마 스
> **テーブルに はなが あります。**
> 테이블에 꽃이 있습니다.

★ **います** 사람이나 동물이 있을 때

> 니 와 니   네 코 가   이 마 스
> **にわに ねこが います。**
> 마당에 고양이가 있습니다.

조사 'に'는 장소를 나타내는 명사 뒤에 붙어서 장소·방향을 가리키며, '~에', '~으로'로 해석해요.

> 쿄 - 시 쯔 니   야 마 다 상 -가   이 마 스
> **きょうしつに やまださんが います。**
> 교실에 야마다 씨가 있습니다.

> **Tip** '없습니다(없어요)'는 뭐라고 할까요?
> ••••••••••••••••••••••••••••••••
>   아 리 마 셍
> 사물이나 식물이 없을 때는 **ありません**
>   이 마 셍
> 사람이나 동물이 없을 때는 **いません**

2 핵심문법 2단계 ★☆

위치 표현은 말 그대로 '위, 아래, 오른쪽, 왼쪽' 등 위치를 나타내는 표현이에요.

★ 대표적인 위치 표현

명사の ^노 ^{우 에 니}うえに   명사 + 위에

명사の ^노 ^{시 따 니}したに   명사 + 아래에

명사の ^노 ^{미 기 니}みぎに   명사 + 오른쪽에

명사の ^노 ^{히 다 리 니}ひだりに   명사 + 왼쪽에

명사の ^노 ^{마 에 니}まえに   명사 + 앞에

명사の ^노 ^{우 시 로 니}うしろに   명사 + 뒤에

명사の ^노 ^{나 까 니}なかに   명사 + 안에

명사の ^노 ^{소 또 니}そとに   명사 + 밖에

명사の ^노 ^{토 나 리 니}となりに   명사 + 옆에

명사の ^노 ^{치 카 꾸 니}ちかくに   명사 + 근처에

3 실생활 문장 익히기

 존재 표현을 생각하며 실생활 예문을 읽어 보세요.

호 테 루 와　도 꼬 니　아 리 마 스 까
ホテルは　どこに　ありますか。 　호텔은 어디에 있어요?

에 끼 노　마 에 니　호 테 루 가　아 리 마 스
えきの　まえに　ホテルが　あります。

역 앞에 호텔이 있어요.

카 반 노　나 까 니　파 스 포 또 가　아 리 마 셍
かばんの　なかに　パスポートが　ありません。

가방 안에 여권이 없어요.

테 - 부 루 노　우 에 니　네 꼬 가　이 마 스
テーブルの　うえに　ねこが　います。

테이블 위에 고양이가 있어요.

바 스 노　나 까 니　다 레 모　이 마 셍
バスの　なかに　だれも　いません。

버스 안에 아무도 없어요.

노 - 또 파 소 콩 - 가　아 리 마 셍
ノートパソコンが　ありません。 　노트북이 없어요.

코 노　치 카 꾸 니　콤 - 비 니 가　아 리 마 스 까
この　ちかくに　コンビニが　ありますか。

이 근처에 편의점이 있어요?

パスポート 여권 ｜ かばん 가방 ｜ だれも 아무도 ｜ ノートパソコン 노트북 ｜
コンビニ 편의점

4 확인 문제

 다음 빈칸에 알맞은 히라가나를 넣어 보세요.

① 테이블 위에 고양이가 있어요.

^{테 - 부 루}
テーブル　　　^{우 에}
うえ　　　^{네 코 가}
ねこが　　　　　　　　　。

② 버스 안에 아무도 없어요.

^{바 스 노}
バスの　　　　　^니
に　^{다 레 모}
だれも　　　　　　　　。

③ 호텔은 어디에 있어요?

^{호 테 루}
ホテル　　　^{도 꼬 니}
どこに　　　　　　　^까
か。

④ 노트북이 없어요.

^{노 - 또 파 소 콩 - 가}
ノートパソコンが　　　　　　　　。

 우리말 문장에 맞게 일본어를 배열해 보세요.

① 역 앞에 호텔이 있어요.

^{에 끼 노}
えきの　^{호 테 루 가}
①ホテルが　^니
②に　^{마 에}
③まえ　^{아 리 마 스}
④あります

^{에 끼 노}
➡ えきの _____

② 자동차 밑에 고양이가 있어요.

^{쿠 루 마 노}
くるまの　^{네 코}
①ねこ　^가
②が　^{시 따 니}
③したに　^{이 마 스}
④います

^{쿠 루 마 노}
➡ くるまの _____

정답 185쪽

첫 번째 작심삼일을 공부한 당신,
이 정도는 말할 수 있다!

★ **상황 1**

신입 사원 작심 씨! 처음으로 출장을 갔는데, 여권이 안 보이네요.
"가방 안에 여권이 없어요."라고 어떻게 말할까요?

➡

_____

★ **상황 2**

취준생인 삼일 씨! 오늘 점심을 안 먹었어요. 삼각 김밥을 먹고 싶은데, 편의점이 안 보이네요. 지나가는 사람에게 "이 근처에 편의점이 있나요?"라고 어떻게 물을까요?

➡

_____

상황1 : かばんの なかに パスポートが ありません。
상황2 : この ちかくに コンビニが ありますか。

하루 세끼는 잘만 먹으면서
삼일 마음 못 먹어?

형용사

すしが すきです.
스시를 좋아해요.

작심 씨는 어떤
음식 좋아해요?

군침이 츄릅~

외국어 공부할 때, 항상 등장하는 형용사! 도대체 형용사는 뭘까요? '형용사란? 사물의 성질과 상태를 나타내는 단어이다' 이런 이론적인 설명은 접어 두고, 스트레스 받을 때, 조용한 카페에 가서 달콤한 커피를 마시고 싶죠? 여기에서 '조용한', '달콤한'이 형용사예요. 명사 앞에서 명사를 더 멋지게 포장해 주는 역할을 하죠. 생각보다는 간단해서 3일이면 충분하니까 우리 형용사 배워서, 달콤한 커피 좀 마셔 볼까요?

 Day 1 い형용사 끝내기

 Day 2 な형용사 끝내기

 Day 3 형용사 과거형 끝내기

Day 1

い형용사 끝내기

✏ 핵심문법 1단계 ✶

형용사의 가장 큰 역할은 명사를 꾸며 주는 거예요. 명사를 꾸며 줄 때, い로 끝나서 い형용사라고 해요. 그럼, い형용사의 특징을 먼저 알아볼까요?

★ い형용사 기본형   끝이 い로 끝나요.

- おいしい 맛있다 | おもしろい 재미있다 | あまい 달다
  <small>오이시-</small>   <small>오모시로이</small>   <small>아마이</small>

  たのしい 즐겁다 | あつい 덥다 | さむい 춥다
  <small>타노시-</small>   <small>아쯔이</small>   <small>사무이</small>

★ 명사 수식   い + 명사 : ~한(인) + 명사

- あまい + コーヒー ➡ あまい コーヒー
  <small>아마이</small>   <small>코-히-</small>   <small>아마이</small>   <small>코-히-</small>

  달다   커피   달콤한 커피

★ い형용사 정중형   い + です : ~입니다

- コーヒーは あまい ➡ コーヒーは あまいです
  <small>코-히-와</small> <small>아마이</small>   <small>코-히-와</small>   <small>아마이데스</small>

  커피는   달다   커피는 달콤합니다

---

2 핵심문법 2단계 ✨

い형용사의 부정형과 연결형은 어떻게 변하는지 어미(꼬리)를 잘 살펴보세요.

★ **い형용사 부정형** い + くない : ~지 않다

- あまい ➡ あまくない

  달다　　　　　　달지 않다

- あまくない ➡ あまくないです

  달지 않다　　　　　　달지 않습니다

Tip 알아 둡시다!

~くないです는 ~くありません이라고도 해요. 두 가지 표현 모두 잘 쓰인답니다. 그리고 끝에 'か'를 붙이면, 의문문 'あまくないですか。달지 않습니까?'가 돼요.

★ **연결형** い + くて : ~하고 / ~해서

- あまい + くて + おいしい ➡ あまくて おいしい

  달다　~고　맛있다　　　　　　달고 맛있다

★ **주의**

- '좋다'라는 い형용사는 'いい' 또는 'よい'라고 하는데, 활용할 때에는 꼭 'よい'로 활용해 주세요.

- よくない 좋지 않다 | よくて 좋고 |
  よくないです(よくありません) 좋지 않습니다

원어민 발음 듣기 2-1

3 실생활 문장 익히기 ✦✦

 い형용사 활용을 생각하면서 실생활 예문을 읽어 보세요.

카 이 모 노 와　　타 노 시 ー
かいものは　たのしい。 쇼핑은 즐겁다.

코 레 와　　오 ー 끼 ー　사 이 즈 데 스
これは　おおきい　サイズです。 이건 큰 사이즈예요.

동 ・ 키 호 ー 테 와　야 스 꾸 떼　　이 ー 데 스
ドン・キホーテは　やすくて　いいです。

돈키호테는 싸고 좋아요.

소 노　케 ー 끼 와　아 마 꾸 아 리 마 셍 ー
その　ケーキは　あまくありません。

그 케이크는 달지 않아요.

츠 메 따 이　모 노 와　요 꾸 나 이 데 스
つめたい　ものは　よくないです。 찬 것은 좋지 않아요.

와 따 시 노　헤 야 와　세 마 이 데 스
わたしの　へやは　せまいです。 제 방은 좁아요.

코 꼬 노　바 니 라 라 떼 와　야 스 꾸 떼　오 이 시 ー 데 스
ここの　バニララテは　やすくて　おいしいです。

여기 바닐라라테는 싸고 맛있어요.

たのしい 즐겁다 ｜ おおきい 크다 ｜ ドン・キホーテ 돈키호테(종합 할인 매장) ｜
やすい 싸다 ｜ つめたい 차갑다 ｜ へや 방 ｜ せまい 좁다

4 확인 문제 ✨

✎ **다음 빈칸에 알맞은 히라가나를 넣어 보세요.**

1 싸고 좋아요.

_{야 스}
やす〔　　〕　　いいです。^{이 - 데 스}

2 이 케이크는 달지 않아요.

この　ケーキは　あま〔　　　〕です。
_{코 노}　_{케 - 끼 와}　_{아 마}　　　　_{데 스}

3 좋지 않아요.

〔　　〕ありません。
_{아 리 마 셍 -}

4 큰 사이즈

おおき〔　　〕サイズ
_{오 - 끼}　　　_{사 이 즈}

🔊 **다음 문장을 일본어로 말해 보세요.**

> **1**
> 싸고 맛있어요.

> **2**
> 쇼핑은 즐겁다.

> **3**
> 제 방은 좁아요.

조금만 더
화이팅!!!

정답 185쪽

な형용사 끝내기

✏ 핵심문법 1단계 ⭐

な형용사는 과연 명사를 꾸밀 때, 어미(꼬리)가 어떻게 변할까요?
어미(꼬리) 'だ'가 'な'로 바뀌기 때문에 な형용사라고 해요.

★ な형용사 기본형 끝이 だ로 끝나요.

• しずかだ 조용하다 ┃ すきだ 좋아하다 ┃ きらいだ 싫어하다 ┃
   ゆうめいだ 유명하다 ┃ まじめだ 성실하다

★ 명사 수식 ～な + 명사 : ～한 + 명사

• すきだ + ひと ➡ すきな ひと
   좋아하다   사람   좋아하는 사람

★ な형용사 정중형 ～だ + です : ～입니다

• こうえんは しずかだ ➡ こうえんは しずかです
   공원은   조용하다   공원은   조용합니다

な형용사의 부정형과 연결은 い형용사와 어떻게 다를까요?

★ **な형용사 부정형** だ + じゃない : ~하지 않다

• しずかだ ➡ しずかじゃない
  조용하다   조용하지 않다

• しずかじゃない ➡ しずかじゃないです
  조용하지 않다   조용하지 않습니다

> **Tip** 알아 둡시다!
> ~しずかじゃない는 ~しずかではない라고도 합니다.
> ~じゃないです는 ~じゃありません과 같고, 명사와 활용이 똑같아요.

★ **연결형** だ + で : ~하고, ~해서

• しずかだ + で + きれいだ ➡ しずかで きれいだ
  조용하다 ~하고 깨끗하다   조용하고 깨끗하다

★ **주의**

• 다음과 같은 형용사는 앞에 '을(를)'이 올 때, 조사 を가 아니라 が를 쓴다는 점에 주의하세요.

• ~을 좋아하다 ~が すきだ | ~을 싫어하다 ~が きらいだ
  ~을 잘하다 ~が じょうずだ | ~을 못하다 ~が へただ

3 실생활 문장 익히기

な형용사를 생각하면서 실생활 예문을 읽어 보세요.

치 까 테 쯔 와　벤 − 리 데 스
ちかてつは　べんりです。 지하철은 **편리해요.**

- -

오 − 사 까 와　니 기 야 까 나　토 꼬 로 데 스
おおさかは　にぎやかな　ところです。

오사카는 **활기찬** 곳이에요.

- -

코 노　코 − 엥 − 와　시 즈 까 자 아 리 마 셍 −
この　こうえんは　しずかじゃありません。

이 공원은 **조용하지 않아요.**

- -

코 꼬 와　스 시 가　신 − 셍 − 데　유 − 메 − 데 스
ここは　すしが　しんせんで　ゆうめいです。

여기는 초밥이 **신선해서 유명해요.**

- -

돈 − 나　타 베 모 노 가　스 끼 데 스 까
どんな　たべものが　すきですか。 어떤 음식을 **좋아합니까?**

- -

오 꼬 노 미 야 끼 가　스 끼 데 스
おこのみやきが　すきです。 오코노미야키를 **좋아합니다.**

- -

에 − 고 와　아 마 리　죠 − 즈 자 나 이 데 스
えいごは　あまり　じょうずじゃないです。

영어는 별로 **잘하지 않아요.**

- -

べんりだ 편리하다 | にぎやかだ 활기차다 | しずかだ 조용하다 |
ゆうめいだ 유명하다 | しんせんだ 신선하다 | じょうずだ 능숙하다

4 확인 문제

✎ **다음 빈칸에 알맞은 히라가나를 넣어 보세요.**

1 오사카는 활기찬 곳이에요.

_{오 - 사 카 와} _{니 기 야 까} _{토 코 로 데 스}
おおさかは　にぎやか☐　ところです。

2 오코노미야끼를 좋아합니다.

_{오 코 노 미 야 끼} _{스 끼}
おこのみやき☐　すき☐☐。

3 여기는 초밥이 신선해서 유명해요.

_{코 꼬 와} _{스 시 가} _{신 - 센 -} _{유 - 메 -}
ここは　すしが　しんせん☐　ゆうめい☐☐。

4 편리한 지하철

_{벤 - 리} _{치 까 테 프}
べんり☐　ちかてつ

🔊 **다음 문장을 일본어로 말해 보세요.**

1
어떤 음식을
좋아합니까?

2
이 공원은
조용하지 않아요.

3
영어는 별로
잘하지 않아요.

내일도
활거징?

정답 185쪽

형용사 과거형 끝내기

┃ 핵심문법 1단계 ✦

い형용사의 과거・과거 부정은 어떻게 바뀌는지 살펴봐요. 복잡해 보이지만 의외로 간단하답니다.

★ **い형용사 과거** い ➡ かった : ~었다

- おいし<del>い</del> ➡ おいしかった
  _{오이시ー}　　　_{오이시캇ー따}

  맛있다　　　맛있었다

- おいしかった ➡ おいしかったです
  _{오이시캇ー따}　　　_{오이시캇ー따데스}

  맛있었다　　　맛있었습니다

★ **い형용사 과거 부정** い ➡ く なかった : ~지 않았다

- おいし<del>い</del> ➡ おいしく なかった
  _{오이시ー}　　　_{오이시쿠　나캇ー따}

  맛있다　　　맛있지 않았다

- おいしく なかった ➡ おいしく なかったです
  _{오이시쿠　나캇ー따}　　　_{오이시쿠　나캇ー따데스}

  맛있지 않았다　　　맛있지 않았습니다

---

2 핵심문법 2단계

な형용사의 과거·과거 부정도 복잡해 보이지만, 알고 보면 앞에서 배운 명사와 비슷합니다.

★ **な형용사 과거** だ ➡ だった : ~었다

시 즈 까 다
• しずかだ ➡ しずかだった 시 즈 까 닷 - 따

  조용하다　　　　　　조용했다

시 즈 까 닷 - 따
• しずかだった ➡ しずかでした 시 즈 까 데 시 따

  조용했다　　　　　　조용했습니다

Tip 주의합시다!

しずかだったです(×)
しずかでした(○)

★ **な형용사 과거 부정** だ ➡ じゃ なかった : ~지 않았다

시 즈 까 다
• しずかだ ➡ しずかじゃ なかった 시 즈 까 쟈 나 깟 - 따

  조용하다　　　　조용하지 않았다

시 즈 까 쟈 나 깟 - 따
• しずかじゃ なかった ➡ しずかじゃ なかったです 시 즈 까 쟈 나 깟 - 따 데 스

  조용하지 않았다　　　　　　조용하지 않았습니다

Tip 비슷한 모양 알아 둡시다!

오 이 시 꾸 나 깟 - 따 데 스　오 이 시 꾸 아 리 마 셍 - 데 시 따
✓ おいしくなかったです = おいしくありませんでした

스 끼 쟈 나 깟 - 따 데 스　스 끼 쟈 아 리 마 셍 - 데 시 따
すきじゃなかったです = すきじゃありませんでした

✓ 'いい(좋다)'는 활용할 때, よい를 사용해요.

이 - 　 깟 - 따　　요 깟 - 따
いい + かった ➡ よかった(좋았다)

이 - 　 나 이 　깟 - 따　　요 꾸 나 깟 - 따
いい + ない + かった ➡ よくなかった(좋지 않았다)

원어민 발음 듣기 2-3

📖 **형용사의 과거형을 생각하면서 실생활 예문을 읽어 보세요.**

소 노   에 ─ 가 와   오 모 시 로 깟 ─ 따
その えいがは おもしろかった。 그 영화는 **재미있었다.**

호 테 루 와   에 끼 까 라   치 카 꾸   나 깟 ─ 따 데 스
ホテルは えきから ちかく なかったです。

호텔은 역에서 **가깝지 않았습니다.**

료 꼬 ─ 와   타 노 시 꾸   아 리 마 센 ─ 데 시 따
りょこうは たのしく ありませんでした。

여행은 **즐겁지 않았습니다.**

코 ─ 쯔 ─ 와   도 떼 모   후 벤 ─ 닷 ─ 따
こうつうは とても ふべんだった。

교통은 매우 **불편했다.**

시 켄 ─ 와   칸 ─ 딴 ─ 데 시 따
しけんは かんたんでした。 시험은 **간단했습니다.**

하 라 쥬 꾸 와   시 즈 까 쟈   나 깟 ─ 따 데 스
はらじゅくは しずかじゃ なかったです。

하라주쿠는 **조용하지 않았습니다.**

키 노 ─ 와   이 소 가 시 꾸   나 깟 ─ 따 데 스
きのうは いそがしく なかったです。

어제는 **바쁘지 않았습니다.**

えいが 영화 | おもしろい 재미있다 | ふべんだ 불편하다 | かんたんだ 간단하다

4 확인 문제

작심삼일 극뽁!

다음 빈칸에 알맞은 히라가나를 넣어 보세요.

① 교통은 불편했다.

코 ― 쓰 ― 와   후 벤 ―
こうつうは　ふべん　　　　　。

② 영화는 재미있었다.

에 ― 가 와   오 모 시 로
えいがは　おもしろ　　　　　。

③ 조용하지 않았습니다.

시 즈 까 쟈   데 스
しずかじゃ　　　　　　　　です。

④ 시험은 간단했습니다.

시 켄 ― 와   칸 ― 딴 ―
しけんは　かんたん　　　　　。

우리말 문장에 맞게 일본어를 배열해 보세요.

① 시험은 간단하지 않았습니다.

시 켄 ― 와   쟈   데 시 따   칸 ― 딴 ―   아 리 마 셍 ―
しけんは　①じゃ　②でした　③かんたん　④ありません

시 켄 ― 와
➡ しけんは

② 어제는 바쁘지 않았습니다.

키 노 ― 와   나 깟 ― 따   이 소 가 시   데 스   꾸
きのうは　①なかった　②いそがし　③です　④く

키 노 ― 와
➡ きのうは

정답 185쪽

Day 3 · 형용사 과거형 끝내기　45

두 번째 작심삼일을 공부한 당신,
이 정도는 말할 수 있다!

★ 상황 1

첫 출근한 작심 씨! 드디어 점심 시간이네요. 동료가 "어떤 음식을 좋아해요?"라고 물어보는데, "스시를 좋아해요."라고 어떻게 말하면 좋을까요?

➡

★ 상황 2

취준생 삼일 씨! TV를 사러 갔는데 직원이 60인치 TV만 권하네요. "제 방은 좁아요"라고 어떻게 말하면 좋을까요?

➡

상황1 : すしが すきです。
상황2 : わたしの へやは せまいです。

공부한다고 기분이 저기압 되었다면
이제 고기 앞으로 가라!

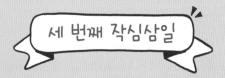

세 번째 작심삼일

동사 ます형

내일 지구가 멸망한다면,
우주에서 영업하겠습니다!

동사 ます형

동사를 공부하기 시작하면 일본어를 포기하는 사람들이 많아져요. 동사란, 사물의 동작이나 작용을 나타내는 품사 죠? 우리가 일상생활에서 하는 대부분의 행동이나 움직임 을 말로 표현하는 것이라고 생각하면 간단해져요. 아침에 일어나서 밥 먹고, 일하고, 여행도 가고…. 이런 표현은 동 사 활용만 알면 말할 수 있어요. 그럼! 세 번째 작심삼일 굳 게 마음 먹고 시작해 봅시다.

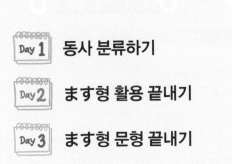

Day 1 동사 분류하기

Day 2 ます형 활용 끝내기

Day 3 ます형 문형 끝내기

Day 1

동사 분류하기

일본어 동사는 3종류밖에 없어요. 1그룹, 2그룹, 3그룹으로 나뉘고, 전부 끝이 'う단'으로 끝나요. 3그룹 ➡ 2그룹 ➡ 1그룹 순으로 외우면 쉬워요.

う단	う	く	ぐ	す	つ	ぬ	ぶ	む	る
	u	ku	gu	su	tsu	nu	bu	mu	ru

동사의 구분 방법

★ **1그룹 동사** う단으로 끝나고, 2그룹과 3그룹을 제외한 동사

• あう 만나다 ┃ いく 가다 ┃ まつ 기다리다 ┃ しぬ 죽다 ┃ すわる 앉다

> **Tip** 예외 1그룹 동사 2그룹 동사처럼 생겼지만 1그룹인 동사!
>
> ✓ かえる 돌아가다(오다) ┃ はいる 들어오다 ┃ はしる 달리다 ┃ きる 자르다 ┃ しる 알다

> る앞에
> あ・う・お단이
> 오면 1그룹

★ **2그룹 동사** る로 끝나고, る 앞에 い・え단이 오는 동사

• みる 보다 ┃ おきる 일어나다 ┃ たべる 먹다 ┃ ねる 자다

★ **3그룹 동사** 단, 2개밖에 없는 것이 특징

• する 하다 ┃ くる 오다

2 핵심문법 2단계

명사의 정중형은 'です'죠? 잊었다면, 작심삼일 첫 번째 이야기로 갑시다!
동사의 정중형은 'ます형'이라 부르며, 동사 종류에 따라 다르게 바뀝니다.

★ **ます형**
- 1그룹 : 끝을 い단으로 바꾸고 + ます
- 2그룹 : る를 없애고 + ます
- 3그룹 : 그냥 외우기 する ➡ します ｜ くる ➡ きます

	기본형		ます 합니다	
1그룹	あう	만나다	あいます	만납니다
	いく	가다	いきます	갑니다
	いそぐ	서두르다	いそぎます	서두릅니다
	はなす	이야기하다	はなします	이야기합니다
	まつ	기다리다	まちます	기다립니다
	しぬ	죽다	しにます	죽습니다
	あそぶ	놀다	あそびます	놉니다
	のむ	마시다	のみます	마십니다
	のる	타다	のります	탑니다
2그룹	みる	보다	みます	봅니다
	たべる	먹다	たべます	먹습니다
3그룹	する	하다	します	합니다
	くる	오다	きます	옵니다

Tip 예외 1그룹 동사
- ✓ 帰る 돌아가다, 돌아오다　　かえます(×)　かえります(○)
- ✓ 切る 자르다　　　　　　　きます(×)　きります(○)

3 실생활 문장 익히기 ✩✩

📖 동사 ます형을 생각하면서 실생활 예문을 읽어 보세요.

コーヒーを 飲みます。　커피를 마십니다.

本を 買います。 책을 삽니다.

ホテルを 予約します。 호텔을 예약합니다.

ダイエットは 明日から します。

다이어트는 내일부터 **하겠습니다.**

うちへ 帰ります。 집에 돌아갑니다.

電車に 乗ります。 전철을 탑니다.　‘〜に のる(〜을 타다)’ 통째로 외워요.

友だちに 会います。 친구를 만납니다.　‘〜に あう(〜을 만나다)’ 통째로 외워요.

７時に 起きます。 7시에 **일어납니다.**

夜 ９時に 寝ます。 밤 9시에 잡니다.

飲む 마시다 | 本 책 | 買う 사다 | 予約する 예약하다 | 帰る 돌아가다, 돌아오다 |
電車 전철 | 〜に 乗る 〜을 타다 | 起きる 일어나다 | 寝る 자다 | 〜に 会う 〜을 만나다

4 확인 문제 ✩✩

✎ **다음 빈칸에 알맞은 히라가나를 넣어 보세요.**

1 밤 9시에 잡니다.

夜 9時に 寝 [　　] 。
(よる くじ ね)

2 호텔을 예약합니다.

ホテル [　] よやく [　] ます。
(ほ て る)

3 집에 돌아갑니다.

家へ かえ [　] ます。
(うち)

4 전철을 탑니다.

電車 [　] の [　] ます。
(でんしゃ)

🔊 **다음 문장을 일본어로 말해 보세요.**

1
책을 삽니다.

2
커피를 마십니다.

3
친구를 만납니다.

조금만 더
화이팅!!

정답 186쪽 ▶

ます형 활용 끝내기

핵심문법 1단계 ⭐

동사 기본형을 'ます형(합니다)'으로 바꾸는 건 이제 할 수 있겠죠? 그렇다면 '하지 않습니다', '했습니다', '하지 않았습니다'는 ます를 어떻게 바꾸면 될까요?

★ **부정형** ます ➡ ません ~하지 않습니다, 안 합니다

コーヒーは　のみません。

커피는　　　　안 마십니다

★ **과거형** ます ➡ ました ~했습니다

コーヒーを　のみました。

커피를　　　　마셨습니다

★ **과거 부정형** ます ➡ ませんでした ~하지 않았습니다

コーヒーを　のみませんでした。

커피를　　　　마시지 않았습니다

---

2 핵심문법 2단계 ✦

기본적인 조사만 알아 두어도 탄탄한 문장을 만들 수 있어요.

を	~을/를	本^{ほん}を 読^よみます。 책을 읽습니다(읽어요).
に	~에(시간/장소)	7時^じに 起^おきます。 7시에 일어납니다(일어나요).
と	~와/과	友^{とも}だちと 話^{はな}します。 친구와 이야기합니다(얘기해요).
で	~에서(장소)/ ~로(수단)	空港^{くうこう}で 会^あいます。 공항에서 만납니다(만나요). 地下鉄^{ちかてつ}で きます。 지하철로 옵니다(와요).
へ	~에/로(방향)	日本^{にほん}へ 行^いきます。 일본에 갑니다(가요).

 Tip 특수 조사를 쓰는 동사~

한국어의 '을(를)'은 'を'라고 생각하면 되는데, '~(을)를 만나다',
'~을(를) 타다' 의 경우 'に'를 씁니다. 통째로 외워 봅시다.

√ 친구를 만나다 ➡ ともだちに あう (O) | ともだちを あう (×)
√ 전철을 타다 ➡ でんしゃに のる (O) | でんしゃを のる (×)

3 실생활 문장 익히기 ✧☆

📖 **ます형 활용을 생각하면서 실생활 예문을 읽어 보세요.**

昨日 映画を 見ました。　어제 영화를 **봤습니다.**

昨日は お酒を 飲みませんでした。

어제는 술을 **마시지 않았습니다.**

メールを 送りました。　메일을 **보냈습니다.**

明日は 休みません。　내일은 안 **쉽니다.**

今 電車に 乗りました。　지금 전철을 **탔습니다.**

昨日 先生に 会いました。　어제 선생님을 **만났습니다.**

今日は アルバイトを しませんでした。

오늘은 아르바이트를 **하지 않았습니다.**

朝ごはんを 食べませんでした。 아침(밥)을 **먹지 않았습니다.**

昨日 어제 | お酒 술 | 送る 보내다 | 明日 내일 | 先生 선생님 |

〜に会う 〜을(를) 만나다 | 朝ごはん 아침(밥)

4 확인 문제 ✦✦

✎ **다음 빈칸에 알맞은 히라가나를 넣어 보세요.**

① 영화를 봤습니다.

映画 [　] み [　][　] 。

② 술을 마시지 않았습니다.

お酒 [　] のみ [　][　][　][　][　] 。

③ 내일은 안 쉽니다.

明日は やすみ [　][　] 。

④ 선생님을 만났습니다.

先生 [　] あい [　][　][　] 。

🔊 **다음 문장을 일본어로 말해 보세요.**

1
지금 전철을
탔습니다.

2
메일을
보냈습니다.

3
아침을 먹지
않았습니다.

내일도
할꺼징?

정답 186쪽

ます형 문형 끝내기

Day 3

┃ 핵심문법 1단계 ✧

ます형으로 바꾸는 것만 알면, 다양한 말을 간단하게 표현할 수 있답니다.
'~하고 싶다, ~하면서, ~하러, ~하는 법' 등 일상생활에 필요한 말을 할
수 있어요!

★ 희망 표현

• **동사 ます형 +** たい : ~하고 싶다

買います ➡ 買いたい ➡ 買いたいです
삽니다   사고 **싶다**   사고 **싶습니다**

今 コーヒーが 飲みたいです。
지금 커피를 마시고 **싶어요.**

> **Tip** 희망 표현의 조사
>
> '~을(를) ~싶다'의 '~을(를)
> 은 'が' 또는 '를'를 사용하면
> 됩니다. 주로 'が'를 많이 사
> 용해요.

★ ~하는 법

• **동사 ます형 +** かた : ~하는 법

行きます ➡ 行きかた   食べます ➡ 食べかた
갑니다   가는 **법**   먹습니다   먹는 **법**

---

2 핵심문법 2단계 ✨

커피를 마시면서 공부한 적 많죠? 동시에 두 가지 행동을 하는 것을 동시 동작이라고 합니다. 동시 동작을 어떻게 표현하면 좋을까요? 동시 동작과 함께 목적 표현인 '~하러'도 같이 알아봅시다.

세 번째 장면이

★ 동시 동작

● **동사 ます형 + ながら** : ~하면서

飲み**ます** ➡ 飲みながら 話します
마십니다   마시**면서**   이야기합니다

音楽を 聞きながら 勉強します。
음악을 들으**면서** 공부합니다.

★ 목적

● **동사 ます형 + に** : ~하러

会います ➡ 会いに 行く
만납니다   만나**러**   가다

映画を 見に きました。
영화를 보**러** 왔습니다.

3 실생활 문장 익히기 ✦

동사 관련 문형을 생각하면서 실생활 예문을 읽어 보세요.

お水が 飲みたいです。　물을 마시고 싶어요.

日本人と 話したいです。　일본인과 이야기하고 싶어요.

この かんじの 書き方は 難しいです。

이 한자의 **쓰는 법**은 어렵습니다.

歩きながら 音楽を 聞きます。

걸으면서 음악을 듣습니다.

レシピを 見ながら 料理を します。

레시피를 **보면서** 요리를 합니다.

薬を 買いに 薬屋へ 行きます。

약을 **사러** 약국에 갑니다.

手紙を 出しに 郵便局へ 行きます。

편지를 **부치러**(보내러) 우체국에 갑니다.

お水 물 | かんじ 한자 | 難しい 어렵다 | 歩く 걷다 | 音楽 음악 | 聞く 듣다 |
料理 요리 | 薬 약 | 薬屋 약국 | 手紙を出す 편지를 부치다(보내다)

4 확인 문제 ✦☆

 다음 빈칸에 알맞은 히라가나를 넣어 보세요.

① 물을 마시고 싶어요.

お水が　　　　たいです。

② 걸으면서 음악을 듣습니다.

歩き　　　　　音楽を 聞き　　　　。

③ 이 한자의 쓰는 법은 어렵습니다.

この かんじの 書き　　　　は 難しいです。

④ 약을 사러 약국에 갑니다.

薬　　買い　　薬屋へ 行き　　　　。

우리말 문장에 맞게 일본어를 배열해 보세요.

① 레시피를 보면서 요리를 합니다.

レシピを　①します　②ながら　③見　④料理を

➡ レシピを

② 편지를 부치러 우체국에 갑니다.

手紙を　①に　②行きます　③出し　④郵便局へ

➡ 手紙を

정답 186쪽 ▶

세 번째 작심삼일을 공부한 당신, 이 정도는 말할 수 있다!

★ **상황 1**

술을 좋아하는 작심 씨! 감기에 걸렸네요. 동료들이 어제 또 술 마셨냐고 한마디씩 하는데…. 속상한 작심 씨 "어제는 술을 마시지 않았습니다."라고 어떻게 말하면 좋을까요?

➡

───────────────────────────────

★ **상황 2**

취준생인 삼일 씨! 아르바이트를 하고 있어요. 고객한테 전화가 오는데 내일 쉬는 날이냐고 물어보네요. "내일은 안 쉽니다"라고 어떻게 말하면 좋을까요?

➡

───────────────────────────────

상황1 : きのうは おさけを のみませんでした。
상황2 : あしたは やすみません。

하나를 보고 열을 알면 무당이다.
3일 공부하고 모른다고 실망하지 말자!

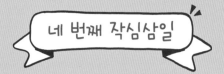

네 번째 작심삼일

동사 て형

ひとりでりょこうを
して みたいです。
혼자서 여행을 해 보고 싶어요.

의욕 상실, 힐링이 필요해!

동사의 'て형'이란 무엇일까요? 우리말로 '～하고, ～해서'의 뜻으로 문장을 연결해 주는 중요한 역할을 해요. '밥 먹고', '영화 보고', '비가 와서' 등의 표현을 하려면 이 'て형'이 꼭 필요해요. 'て형'으로 바꾸는 방법이 복잡해서 자주 실수를 하게 되는 부분이니 반드시 제대로 이해하고 넘어가야 합니다. 'て형'을 알면 과거형 'た형'도 금세 할 수 있어요. 그럼, 네 번째 작심삼일 시작해 볼까요?

 Day 1 **동사 て형 끝내기**

Day 2 **동사 て형 문형 끝내기**

Day 3 **동사 た형 끝내기**

동사 て형 끝내기

∥ 핵심문법 1단계

동사의 て형이란? '~하고', '~해서'라는 뜻이에요. 'て형'으로 바꿀 때, 1그룹에 주의해야 합니다. 끝 글자가 어떻게 끝나는지에 따라 다르게 변화해요.

동사 て형 바꾸기

		기본형		て형	
1그룹	う つ → って る	あう	만나다	あって	만나고(서)
		まつ	기다리다	まって	기다리고(려서)
		おくる	보내다	おくって	보내고(서)
	む ぶ → んで ぬ	のむ	마시다	のんで	마시고(셔서)
		あそぶ	놀다	あそんで	놀고(아서)
		しぬ	죽다	しんで	죽고(어서)
	く → いて	かく	쓰다	かいて	쓰고(써서)
	ぐ → いで	いそぐ	서두르다	いそいで	서두르고(둘러서)
	す → して	おす	누르다	おして	누르고(눌러서)
	예외	いく	가다	いって	가고(서)
2그룹	る → て	おきる	일어나다	おきて	일어나고(서)
		たべる	먹다	たべて	먹고(어서)
3그룹	불규칙 활용 무조건 외우기	する	하다	して	하고(해서)
		くる	오다	きて	오고(와서)

2 핵심문법 2단계 ✨

て형이 문장에서 어떻게 기능을 하는지, 그리고 관련 문형은 뭐가 있는지 알아봐요.

★ ~て(で) ~하고, ~해서

● 앞뒤 문장을 연결할 때 사용해요.

友だちに あって ほんやへ 行きます。

친구를   만나서   서점에   갑니다

★ ~て(で) + から ~하고 나서

● 시간적인 전후를 나타낼 때 사용해요.

べんきょうを して から テレビを 見ます。

공부를   하고 나서   텔레비전을 봅니다

★ ~て(で) + ください ~해 주세요, ~하세요

● 가벼운 지시나 부탁 혹은 의뢰할 때에 사용하는 표현이에요.

ほんを よんで ください。

책을   읽어   주세요

Tip 'いく (가다)'의 'て형' 주의하기!

핵심문법1에서 배운 'いく + て'의 경우, 'いいて(×)' 가 아니라, 예외적으로 'いって(○)'라고 해요.

3 실생활 문장 익히기 ✦✦

 동사 て형을 생각하면서 실생활 예문을 읽어 보세요.

新聞を 読んで から 会社へ 行きます。

신문을 **읽고 나서** 회사에 갑니다.

明日までに メールを 送って ください。

내일까지 메일을 **보내 주세요.**

映画を 見て ビールを 飲みます。

영화를 **보고** 맥주를 마십니다.

レポートを 出して から 友だちに 会います。

리포트를 **제출하고 나서** 친구를 만납니다.

お名前を 書いて ください。 성함을 **써 주세요.**

ソースを かけて 食べて ください。 소스를 뿌려서 **드세요.**

山手線に のりかえて 新宿駅へ 行きます。

야마노테 선**으로 갈아타고** 신주쿠 역에 갑니다.

までに ~까지(기한) | 新聞 신문 | 送る 보내다 | 映画 영화 | レポートを 出す
리포트를 제출하다 | ソースを かける 소스를 뿌리다 | ~に のりかえる ~으로
갈아타다

4 확인 문제 ✨✨

✏️ **다음 빈칸에 알맞은 히라가나를 넣어 보세요.**

① 내일까지 메일을 보내 주세요.

明日_{あした}までに メールを 送_{おく}[　][　] ください。

② 여기에 성함을 써 주세요.

ここに お名前_{なまえ}を [　][　] ください。

③ 영화를 보고 맥주를 마십니다.

映画_{えいが}を [　][　] ビールを [　][　] ます。

④ 리포트를 제출하고 나서 친구를 만납니다.

レポート_{れぽーと}を 出_だし[　][　] 友達_{ともだち}[　] 会_あい[　][　]。

🔊 **다음 문장을 일본어로 말해 보세요.**

1
소스를
뿌려서 드세요.

2
내일까지 메일을
보내 주세요.

3
야마노테 선으로 갈아타고,
신주쿠 역에 갑니다.

조금만 더
화이팅!!

정답 186쪽 ▶

Day 2 동사 て형 문형 끝내기

핵심문법 1단계 ✦✧

동사 て형과 관련된 여러 가지 문형을 알아봐요.

★ **~て + みる**

• ~て みる : ~해 보다

新しい メニューを 食べて みました。

> ましたた는 ます의 과거형이에요

새로운 메뉴를 먹어 **보았습니다**.

★ **~て + しまう**

• ~て しまう : (실수로) ~해 버리다, 전부 ~해 버리다

約束を 忘れて しまう。 (유감)

약속을 잊**어버리다**.

その 本は ぜんぶ 読んで しまいました。 (완료)

그 책은 전부 읽**어 버렸습니다**.

70　네 번째 작심삼일

2 핵심문법 2단계

동사 て형을 사용해서 '~해도 된다'의 허가 표현, '~해서는 안 된다'의
금지 표현을 알아봅시다.

★ 허가 · 허락

• ～ても いい : ~해도 된다

しゃしんを とっても いい。

사진을 찍**어도 된다**.

この パソコンを 使っても いいですか。
(ば そ こ ん   つか)

이 컴퓨터를 사용**해도 됩니까**?

Tip ～ても いい의 정중 표현은?
· ·
'ても いい'에 'です'를 붙이면 돼요. 그리고 'です'를 'ですか'
로 바꾸면 상대방에게 허락을 구하는 표현이 된답니다.

★ 금지

• ～ては いけない : ~해서는 안 된다

しゃしんを とっては いけない。

사진을 찍**어서는 안 된다**.

この パソコンを 使っては いけません。
(ば そ こ ん   つか)

이 컴퓨터를 사용**해서는 안 됩니다**.

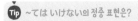

Tip ～ては いけない의 정중 표현은?
· ·
～ては いけない ➡ ～ては いけません
~해서는 안 된다　　　~해서는 안 됩니다

---

3 실생활 문장 익히기

📖 **동사 て형 관련 문형을 생각하면서 실생활 예문을 읽어 보세요.**

授業に 遅れては いけません。 수업에 늦어서는 안 됩니다.

- -

窓を 閉めても いいですか。 창문을 닫아도 되나요?

- -

かぎを なくして しまいました。 열쇠를 잃어 버렸습니다.

- -

早く 帰っても いいですか。 일찍 (집에) 돌아가도 될까요?

- -

一人で 旅行を して みたいです。

혼자서 여행을 해 보고 싶어요.

- -

宿題を 忘れては いけません。 숙제를 잊어서는 안 됩니다.

- -

この スマホ、使って みても いいですか。

이 스마트폰 써 **봐도 되나요?**

- -

約束を 忘れて しまいました。 약속을 잊고 말았습니다.

- -

授業 수업 ┃ 遅れる 늦다, 지각하다 ┃ 窓 창문 ┃ 閉める 닫다 ┃ かぎを なくす
열쇠를 분실하다 ┃ 一人で 혼자서 ┃ 旅行 여행 ┃ 宿題 숙제 ┃ 約束 약속

✏️ 다음 빈칸에 알맞은 히라가나를 넣어 보세요.

1 이 스마트폰 써 봐도 되나요?

この スマホ、使っ〔　〕み〔　　〕いいですか。

2 열쇠를 잃어 버렸습니다.

かぎを なくして〔　　　〕ました。

3 혼자서 여행을 해 보고 싶어요.

一人で 旅行を して み〔　　〕です。

4 숙제를 잊어서는 안 됩니다.

宿題を 忘れ〔　　〕いけません。

🔊 다음 문장을 일본어로 말해 보세요.

1
수업에 늦어서는
안 됩니다.

2
빨리 집에
가도 될까요?

3
창문을
닫아도 되나요?

내일도
칼거지?

정답 186쪽

Day 3

동사 た형 끝내기

핵심문법 1단계 ✦✧

동사 た형은 반말 과거형 '~했다'를 말해요. 과거형인 た형은 앞에서 배운
て형의 활용과 같아서 'て'를 'た'로만 바꾸면 됩니다.

동사 た형 바꾸기

		기본형		た형	
	う つ ➡ った る	あう	만나다	あった	만났다
		まつ	기다리다	まった	기다렸다
		おくる	보내다	おくった	보냈다
1 그룹	む ぶ ➡ んだ ぬ	のむ	마시다	のんだ	마셨다
		あそぶ	놀다	あそんだ	놀았다
		しぬ	죽다	しんだ	죽었다
	く ➡ いた	かく	쓰다	かいた	썼다
	ぐ ➡ いだ	いそぐ	서두르다	いそいだ	서둘렀다
	す ➡ した	おす	누르다	おした	눌렀다
	예외	いく	가다	いった	갔다
2 그룹	る ➡ た	おきる	일어나다	おきた	일어났다
		たべる	먹다	たべた	먹었다
3 그룹	불규칙 활용 무조건 외우기	する	하다	した	했다
		くる	오다	きた	왔다

2 핵심문법 2단계

동사 た형과 관련된 문형 '경험·충고·동작의 나열'의 의미를 알아봐요.

★ 경험

- ～た ことが ある : ～한 적이 있다

  日本<ruby>に</ruby> 行った ことが あります。

  > あります의 부정형은 '아리마셍(없습니다)'
  > ※ ありません(없습니다)

  일본에 간 **적이 있습니다.**

★ 조언·충고

- ～た ほうが いい : ～하는 편이 좋다

  ゆっくり 休んだ ほうが いいです。

  푹 쉬는 **편이 좋습니다.**

★ 동작의 나열

- ～たり ～たり する : ～하기도 ～하기도 하다

  週末には 食べたり 飲んだり します。

  주말에는 먹**기도 하고** 마시**기도 합니다.**

> **Tip** 동사 **たり형**은 과거 た형에 'り'를 붙여서 만들어요.
> '～たり ～たり'로 나열하고, 반드시 'する'로 문장을 마무리해요.

> **Tip** 'いく(가다)'의 た형 주의하기!
> ....
> 'いく + た / たり'의 경우, 'いいた(×), いいたり(×)'가
> 아니라 'いった(○), いったり(○)'라고 해요.

3 실생활 문장 익히기 ✦

 동사 た형을 생각하면서 실생활 예문을 읽어 보세요.

パンを 作った ことが あります。 빵을 만든 적이 있습니다.

週末は 音楽を 聞いたり テレビを 見たり します。

주말은 음악을 듣거나 텔레비전을 보거나 합니다.

朝ごはんは 食べた ほうが いいです。

아침(밥)은 먹는 편이 좋아요.

浅草には 行った ことが ありません。

아사쿠사에는 간 적이 없습니다.

昨日は 本屋に 行ったり カフェに 行ったり しました。

어제는 서점에 가기도 하고 카페에 가기도 했습니다.

たばこは やめた ほうが いいです。

담배는 끊는 편이 좋아요.

図書館で 雑誌を 読んだり 勉強したり します。

도서관에서 잡지를 읽거나 공부하거나 합니다.

音楽を 聞く 음악을 듣다 | 浅草 아사쿠사(관광지) | 本屋 서점 | やめる 끊다,
중지하다 | 図書館 도서관 | 雑誌 잡지 | 読む 읽다

4 확인 문제 ✦✦

✎ **다음 빈칸에 알맞은 히라가나를 넣어 보세요.**

❶ 주말은 음악을 듣거나 텔레비전을 보거나 합니다.

しゅうまつ おんがく き
週末は 音楽を 聞い　　　　テレビを 見
します。

❷ 아사쿠사에는 간 적이 없습니다.

あさくさ い
浅草には 行った　　　　が ありません。

❸ 담배는 끊는 편이 좋아요.

たばこは やめた　　　　が いいです。

❹ 잡지를 읽거나 공부하거나 합니다.

ざっし よ べんきょう
雑誌を 読ん　　　　勉強したり　　　　　　　。

✎ **우리말 문장에 맞게 일본어를 배열해 보세요.**

❶ 아침(밥)은 먹는 편이 좋아요.

あさ た
朝ごはんは　①ほうが　②食べた　③です　④いい

あさ
➡ 朝ごはんは _____

❷ 집에서 빵을 만든 적이 있습니다.

いえ つく ぱん
家で　①作った　②パンを　③あります　④ことが

いえ
➡ 家で _____

정답 186쪽 ▶

네 번째 작심삼일을 공부한 당신,
이 정도는 말할 수 있다!

★ 상황 1

열일 중인 작심 씨! 거래처 사람에게 "내일까지 메일을 보내 주세요."라고 어떻게 말하면 좋을까요?

➡

★ 상황 2

취준생 삼일 씨! 요즘 식욕도 없고 취업 준비도 하기 귀찮고 "혼자서 여행을 해 보고 싶어요"라고 어떻게 말하면 좋을까요?

➡

상황1 : あした までに メールを おくって ください。
상황2 : ひとりで りょこうを して みたいです。

오늘은 어제 당신이
그토록 공부한다던 내일이다.

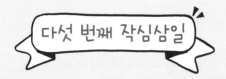

동사 ない형

えいごで はなさなければ
なりませんか。
영어로 이야기해야 합니까?

저는 수학, 영어
다 못해서..
분수도 모르고
영문도 모른채
살아가고
있습니다.

땀이 한 바가지

동사 ない형

앞에서 동사 이해하느라 힘들었죠? 어려운 관문은 통과했으니 오늘은 '~않다'에 해당하는 동사 ない형을 알아보도록 해요. 부정형을 이해하면 할 수 있는 말이 많아져요. '밤 늦게 전화하지 마세요.', '무리하지 마세요.' 등 일상생활에 필요한 말을 사용할 수 있어요. 점점 일본어의 고수가 되어 가고 있어요. 자! 그럼~ 작삼삼일 다섯 번째 이야기를 시작해 볼까요?

동사 ない형 끝내기

1 핵심문법 1단계

동사의 부정형은 ない형이라고 하고, 뜻은 '~(하)지 않다'가 돼요.

★ **ない형**
- **1그룹** : 끝을 あ단으로 바꾸고 + ない
- **2그룹** : る를 없애고 + ない
- **3그룹** : 그냥 외우기 する ➡ しない │ くる ➡ こない

	기본형		ない형	
1그룹	いく	가다	いかない	가지 않다
	いそぐ	서두르다	いそがない	서두르지 않다
	まつ	기다리다	またない	기다리지 않다
	あそぶ	놀다	あそばない	놀지 않다
	のむ	마시다	のまない	마시지 않다
	おわる	끝나다	おわらない	끝나지 않다
2그룹	みる	보다	みない	보지 않다
	たべる	먹다	たべない	먹지 않다
3그룹	する	하다	しない	하지 않다
	くる	오다	こない	오지 않다

 **Tip** う로 끝나는 동사 う ➡ わ + ない

- あう 만나다 ああない(×) あわない(○)
- かう 사다 かあない(×) かわない(○)

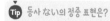 **Tip** 동사 ない의 정중 표현은?

세 번째 이야기에서 배운 'ません(~하지 않습니다)'를 쓰면 됩니다.

동사 ない형의 ない를 'なくて'로 바꾸면 '~(하)지 않아서, ~(하)지 못해서'라는 이유를 설명해요.

★ **동사 ない ➡ なくて** ~하지 않아서(못해서) (이유)

- 急がない ➡ 急がなくて

  서두르지 않다　　서두르지 않아서

  しごとが 終わらなくて たいへんです。

  일이 끝나지 **않아서** 힘듭니다.

- 食ない ➡ 食なくて

  먹지 않다　　먹지 않아서

  ごはんを 食べなくて、元気が ないです。

  밥을 먹지 **않아서** 기운이 없습니다.

- しない ➡ しなくて

  하지 않다　　하지 않아서

  勉強しなくて、テストが むずかしかったです。

  공부**하지 않아서** 시험이 어려웠습니다.

> **Tip** 'なくて' VS 'ないで'
>
> ∙∙
>
> 'なくて'는 위에서 말한 대로 '~하지 않아서, ~하지 못해서'라는 뜻으로 이유를
> 나타내는 반면, 'ないで'는 '~하지 않고, ~하지 않은 채로'의 의미를 나타내요.
>
> ∙ サンドイッチを かわなくて、おにぎりを かいました。(×)
>   샌드위치를 사지 않아서, 주먹밥을 샀습니다.
> ∙ サンドイッチを かわないで、おにぎりを かいました。(○)
>   샌드위치를 사지 않고, 주먹밥을 샀습니다.

3 실생활 문장 익히기 ✦

 동사 ない형을 생각하면서 실생활 예문을 읽어 보세요.

朝ごはんは 食べない。 아침밥은 안 먹어.

今日は 学校に 行かない。 오늘은 학교에 안 가.

週末には タクシーに 乗らない。 주말에는 택시를 **타지 않아.**

朝ごはんを 食べなくて めまいが します。

아침을 **먹지 않아서** 현기증이 나요.

かさを 持たないで 出かけました。

우산을 **안 들고** 외출했습니다.

めがねを かけなくて 字が 見えません。

안경을 **쓰지 않아서** 글씨가 안 보입니다.

顔を 洗わないで 寝ました。 세수를 **하지 않고** 잤어요.

週末 주말 | めまいが する 현기증이 나다 | かさ 우산 | 持つ 들다, 가지다 |
出かける 외출하다 | めがねを かける 안경을 쓰다 | 字 글씨 | 見える 보이다 |
顔を 洗う 세수하다

4 확인 문제 ✯✩

✎ 다음 빈칸에 알맞은 히라가나를 넣어 보세요.

❶ 주말에는 택시를 타지 않아.

週末には タクシー　［　　　］　乗［の］　　　　ない。

❷ 아침을 먹지 않아서 현기증이 납니다.

朝［あさ］ごはんを 食［た］べ　　　　　　　　めまいが します。

❸ 세수를 하지 않고 잤습니다.

顔［かお］を 洗［あら］わ　　　　　　　寝［ね］ました。

❹ 아침(밥)은 안 먹어.

朝［あさ］ごはんは 食［た］　［　　　］　。

🔊 다음 문장을 일본어로 말해 보세요.

1
오늘은 학교에
안 가.

2
우산을 안 들고
외출했습니다.

3
안경을 쓰지 않아서
글씨가 안 보입니다.

조금만 더
화이팅!!!

정답 187쪽

Day 2 동사 ない형 문형1

핵심문법 1단계 ⁂

동사 ない형만 알면 말할 수 있는 금지 표현 '~ないで ください(~하지 마세요)'를 알아봅시다.

★ **~ないで ください** ~하지 마세요

- 行か**ない** ➡ 行かないで ください

  가지 않다   가지 마세요

- -

- 食べ**ない** ➡ 食べないで ください

  먹지 않다   먹지 마세요

- -

- し**ない** ➡ しないで ください

  하지 않다   하지 마세요

> **Tip** '~ないで ください'의 뉘앙스
>
> '~ないで ください'는 주로 상대방에게 무언가를 하지 않도록 요청할 때 사용하지만 때로는 상대방을 배려하는 표현이 되기도 해요.
>
> ・むりしないで ください。 무리하지 마세요.

금지 표현에 이어서 충고 표현을 알아봅시다. '~하지 않는 편이 좋다'는
'동사ない + ほうが いい'가 돼요.

★ ~ない ほうが いい   ~하지 않는 편이 좋다

- 行か**ない** ➡ 行か**ない** ほうが いい

  가지 않다   가지 않는 편이 좋다

  お酒は 飲ま**ない** ほうが いいです。
  술은 마시지 **않는 편이 좋아요**.

- 食べ**ない** ➡ 食べ**ない** ほうが いい

  먹지 않다   먹지 않는 편이 좋다

  たくさん 食べ**ない** ほうが いいです。

  많이 먹지 **않는 편이 좋아요**.

  > 'いい'에 'です'만 붙여 주면
  > 'いいです(좋습니다)'
  > 정중 표현이 돼요.

- **こない** ➡ こない ほうが いい

  오지 않다   오지 않는 편이 좋다

  ここに こない ほうが いいです。
  여기에 오지 **않은 편이 좋아요**.

원어민 발음 듣기 5-2

3 실생활 문장 익히기 ✦

📖 동사 ない형 관련 문형을 생각하면서 실생활 예문을 읽어 보세요.

あまり 無理
む り
しないで ください。 너무 무리하지 마세요.

―――――――――――――――――――――――――――

ここに 入
はい
らないで ください。 入
はい
るは 예외 1그룹 동사입니다.

여기에 들어가지 **마세요.**

―――――――――――――――――――――――――――

心配
しんぱい
しないで ください。 걱정하지 **마세요..**

―――――――――――――――――――――――――――

その パンは 食
た
べないで ください。 그 빵은 먹지 **마세요.**

―――――――――――――――――――――――――――

約束
やくそく
を 忘
わす
れないで ください。 약속을 잊지 **마세요.**

―――――――――――――――――――――――――――

たばこは 吸
す
わない ほうが いいです。

담배는 피우지 **않는 편이 좋아요.**

―――――――――――――――――――――――――――

冬
ふゆ
には 山
やま
に 行
い
かない ほうが いい。

겨울에는 산에 가지 **않는 편이 좋아.**

―――――――――――――――――――――――――――

あまり 너무, 그다지 | 無理
む り
무리 | 約束
やくそく
약속 | 忘
わす
れる 잊다 | 吸
す
う 피우다 |
薬
くすり
を 飲
の
む 약을 먹다

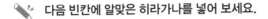

4 확인 문제 ✩

✐ **다음 빈칸에 알맞은 히라가나를 넣어 보세요.**

① 겨울에는 산에 가지 않는 편이 좋아.

冬には 山に 行か ⬚⬚⬚ ほうが ⬚⬚ 。

② 걱정하지 마세요.

心配し ⬚⬚⬚ ください。

③ 여기에 들어가지 마세요.

ここに 入 ⬚ ないで ください。

④ 그 빵은 먹지 마세요.

その パンは 食べ ⬚⬚⬚ ください。

🔊 **다음 문장을 일본어로 말해 보세요.**

1
약속을
잊지 마세요.

2
담배는 피우지
않는 편이 좋아요.

3
무리하지
마세요.

내일도
할꺼징?

정답 187쪽

동사 ない형 문형2

⎰ 핵심문법 1단계 ⭐

동사 ない형으로 의무 표현 '〜なければ ならない(〜하지 않으면 안 된다,
〜해야 한다)'도 만들 수 있어요.

★ | 〜なければ ならない | 〜해야 한다

• 行か**ない** ➡ 行かなければ ならない
  가지 않다   가지 않으면 안 된다(가야 한다)

  学校へ 行かなければ ならない。
  학교에 가지 **않으면 안 된다(가야 한다)**.

- -

• 起き**ない** ➡ 起きなければ ならない
  일어나지 않다   일어나지 않으면 안 된다(일어나야 한다)

  早く 起きなければ なりません。
  일찍 **일어나야 합니다**.

- -

• し**ない** ➡ しなければ ならない
  하지 않다   하지 않으면 안 된다(해야 한다)

  勉強しなければ ならない。
  공부하지 **않으면 안 된다**.

  Tip 〜なければ ならない의 정중 표현은?
  'なければなりません'이 됩니다.

---

2 핵심문법 2단계 ✯

허가의 표현 '~하지 않아도 된다(안 해도 된다)'를 알아봅시다. '~않다'라는
부정의 의미가 들어갈 때는 'ない형'을 떠올리면 되겠죠?

★ **~なくても いい**　　~하지 않아도 된다

• 行か**ない** ➡ 行かなくても いい
　가지 않다　　　　　가지 않아도 된다

　会社へ 行かなくても いい。
　회사에 가지 **않아도 된다**.

• 食べ**ない** ➡ 食べなくても いい
　먹지 않다　　　　먹지 않아도 된다

　全部 食べなくても いいです。
　전부 먹지 **않아도 됩니다**.

> **Tip** ~なくても いい의 정중 표현은?
> 이것도 'です'만 붙이면 돼요. 그리고 'ですか'를 붙이면 의문문이 되겠죠?
> • わたしは いかなくても いいですか。 저는 가지 않아도 됩니까?

• し**ない** ➡ しなくても いい
　하지 않다　　　하지 않아도 된다

　勉強しなくても いい。
　공부하지 **않아도 돼(안 해도 돼)**.

---

3 실생활 문장 익히기 ✦

원어민 발음 듣기 5-3

 동사 ない형 관련 문형을 생각하면서 실생활 예문을 읽어 보세요.

今日は 学校に 行かなくても いい。

오늘은 학교에 **가지 않아도 된다.**

料理を 作らなければ なりません。 요리를 **만들어야 합니다.**

くつは ぬがなくても いいです。 신발은 **벗지 않아도 됩니다.**

明日までに レポートを 出さなければ ならない。

내일까지 리포트를 **제출하지 않으면 안 된다.**

ソースを つけなくても いいですか。

소스를 **바르지 않아도 되나요?**

今日は 私が 運転しなければ ならない。

오늘은 내가 **운전해야 한다.**

英語で 話さなければ なりませんか。

영어로 **이야기해야 합니까?**

料理 요리 | 作る 만들다 | ぬぐ 벗다 | レポートを だす 리포트를 내다 |
ソースを つける 소스를 바르다 | 英語 영어 | 払う 지불하다

4 확인 문제

다음 빈칸에 알맞은 히라가나를 넣어 보세요.

1. 신발은 벗지 않아도 됩니다.

   くつは ぬがな＿＿＿ても いいです。

2. 요리를 만들어야 해요.

   料理(りょうり)を 作(つく)ら＿＿＿＿＿＿＿＿ なりません。

3. 오늘은 학교에 가지 않아도 된다.

   今日(きょう)は 学校(がっこう)に 行(い)か＿＿＿＿＿＿＿＿ いい。

4. 오늘은 내가 운전해야 한다.

   今日(きょう)は 私(わたし)が 運転(うんてん)し＿＿＿＿＿＿＿＿ ならない。

우리말 문장에 맞게 일본어를 배열해 보세요.

1. 내일까지 리포트를 제출하지 않으면 안 된다.

   明日(あした)　①出(だ)さなければ　②までに　③レポート(れぽーと)を　④ならない

   ➡ 明日(あした)＿＿＿＿＿＿＿＿＿＿＿＿＿＿＿＿

2. 소스를 바르지 않아도 되나요?

   ソース(そーす)を　①いい　②つけ　③ですか　④なくても

   ➡ ソース(そーす)を＿＿＿＿＿＿＿＿＿＿＿＿＿＿＿＿

정답 187쪽

다섯 번째 작심삼일을 공부한 당신, 이 정도는 말할 수 있다!

★ 상황 1

영어 울렁증이 있는 작심 씨! 거래처에서 외국인 직원이 온 것을 보고 당황하며 상사에게 "영어로 이야기해야 합니까?"라고 물어본다.

➡

_____

★ 상황 2

다이어트 중인 삼일 씨! 결국 참지 못하고 등을 돌린 채 무언가를 먹고 있다. 폭풍 잔소리를 듣고 서러워하며 "걱정하지 마세요"라고 말한다.

➡

_____

상황1 : えいごで はなさなければ なりませんか。
상황2 : しんぱいしないで ください。

맨날 최선을 다하면 피곤해서 못 살아
작심삼일만 해도 충분하다니까!

수수 · 가능 표현

> **カードで かえますか。**
> 카드로 살 수 있습니까?

카드 인생, 티끌 모아 티끌~

 수수 · 가능 표현

수수 표현이란 무언가를 주고받을 때 사용하는 표현이
에요. 한국어에서는 내가 주어도 남이 주어도 모두 '주다'
라고 하면 되는데, 일본어의 수수 표현은 내가 남에게 뭔
가 줄 때에는 'あげる'를 사용하고 남이 나에게 줄 때는
'くれる'를 사용해요. 그래서 주의해야 하는 표현 중에
하나예요. 수수 표현과 함께 가능 표현과 진행 · 상태 표
현도 같이 알아봅시다.

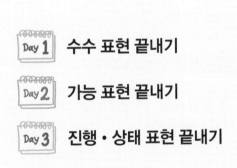

Day 1 **수수 표현 끝내기**

Day 2 **가능 표현 끝내기**

Day 3 **진행 · 상태 표현 끝내기**

수수 표현 끝내기

Day 1

⚡ 핵심문법 1단계 ✨

★ 내가 남에게 줄 때 　(あげる)

私は 山田さんに 本を あげました。
저는 야마다 씨에게 책을 주었습니다.

- 제 3자가 제 3자에게 줄 때도 あげる를 사용!
- 아랫사람이나 동·식물에는 やる를 사용해요.

Tip 주어는 私(나)

★ 남이 나에게 줄 때 　(くれる)

山田さんは 私に 花を くれました。
야마다 씨는 저에게 꽃을 주었습니다.

Tip 주어는 A(남)

★ 남에게 받을 때 　(もらう)

私は 山田さんに 花を もらいました。
저는 야마다 씨에게 꽃을 받았습니다.

Tip 주어는 私(나)

---

2 핵심문법 2단계

무언가 행동을 주고받을 때에는 동사를 ~て형으로 연결해 주면 돼요.

★ 내가 남에게 ~해 주다 (~て) あげる

私は 山田さんに 歌を 歌って あげました。

저는 야마다 씨에게 노래를 불러 주었습니다.

- 아랫사람이나 동·식물에는 ~て やる를 사용해요.

★ 남이 나에게 ~해 주다 (~て) くれる

山田さんは 私に 本を 読んで くれました。

야마다 씨는 저에게 책을 읽어 주었습니다.

★ 내가 남에게 ~해 받다 (~て) もらう

'~て もらう (~해 받다)'는 한국어로 직역하면 부자연스러워서 의역을 하는 경우가 많아요. 이 때, 조사를 꼭 조심하세요.

私は 山田さんに ケーキを 作って もらいました。

저는 야마다 씨에게 케이크를 만들어 받았습니다.

(= 야마다 씨가 저에게 케이크를 만들어 주었습니다.)

 Tip 수수 표현에서의 わたし(나)의 범위는?

수수 표현에서 등장하는 わたし(나)에는 본인뿐만 아니라
내 가족이나 내가 소속되어 있는 회사나 단체도 포함되어 있어요.

3 실생활 문장 익히기 ✦✦

 수수 표현을 생각하면서 실생활 예문을 읽어 보세요.

ねこに 魚を やりました。 고양이에게 생선을 주었습니다.

(私は) 木村さんに 韓国語の 本を あげました。

(저는) 기무라 씨에게 한국어 책을 **주었습니다.**

木村さんが (私に) 日本の お土産を くれました。

기무라 씨가 (나에게) 일본 기념품을 **주었습니다.**

(私は) 恋人に ゆびわを もらいました。

(저는) 애인에게 반지를 **받았습니다.**

友だちが (私に) ノートパソコンを 貸して くれました。

친구가 노트북을 **빌려주었습니다.**

(私は) 友だちに 車を 貸して もらいました。

(저는) 친구에게 차를 **빌려 받았습니다**(친구가 차를 빌려주었습니다).

(私は) 彼女に セーターを 作って もらいました。

(저는) 여자친구에게 스웨터를 **만들어 받았습니다.**

(여자친구가 스웨터를 만들어 주었습니다.)

魚 생선 | 手紙 편지 | お土産 토산품, 선물 | 貸す 빌려주다 | 作る 만들다

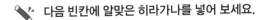

4 확인 문제

✏️ **다음 빈칸에 알맞은 히라가나를 넣어 보세요.**

① 친구가 노트북을 빌려주었습니다.

友_{とも}だちが ノートパソコン_{の ー と ば そ こ ん}を 貸_かして ☐ ました。

② 친구에게 차를 빌려 받았습니다(친구가 차를 빌려주었어요).

友_{とも}だちに 車_{くるま}を 貸_かして ☐ ました。

③ 기무라 씨가 일본 기념품을 주었습니다.

木村_{き むら}さん ☐ 日本_{に ほん}の お土産_{み やげ}を ☐ ました。

④ 기무라 씨에게 한국어 책을 주었습니다.

木村_{き むら}さん ☐ 韓国語_{かんこく ご}の 本_{ほん}を ☐。

🔊 **다음 문장을 일본어로 말해 보세요.**

1
고양이에게 생선을
주었습니다.

2
반지를
받았습니다.

3
여자친구가 스웨터를
만들어 주었습니다.

조금만 더
화이팅!!!

정답 187쪽 ▶

가능 표현 끝내기

핵심문법 1단계 ✦

가능 표현이란? 말 그대로 '～할 수 있다'를 말해요. 가능 표현으로 말하는 방법은 두 가지가 있는데, 우선 간단하게 만들 수 있는 것부터 알아봐요.

★ 가능 표현

• **동사 사전형 + ことが できる : ～할 수 있다**

よむ + ことが できる ➡ よむ ことが できる
읽다 +   ～수 있다   읽을 수(가) 있다

日本語を 読む ことが できます。
일본어를   읽을   수   있습니다

日本語を 読む ことが できません。
일본어를   읽을   수   없습니다

> 부정 표현
> ます ➡ ません

---

2 핵심문법 2단계 ✶☆

핵심문법 1단계의 가능 표현은 간단하게 만들 수는 있지만, 너무 길죠? 동사의 어미(꼬리)만 바꾸면 짧게 만들 수 있는 방법이 있어요. 한번 살펴볼까요?

가능 동사 만드는 방법

★ **1그룹 동사** う단 ➡ え단 + る

• 끝 글자 う단을 え단으로 바꾸고 る를 붙여요.

よむ ➡ よめ + る ➡ よめる
읽다   읽을 수 있다

★ **2그룹 동사** る ➡ られる

• 끝 글자 る를 버리고 られる를 붙여요.

たべる ➡ たべられる
먹다   먹을 수 있다

★ **3그룹 동사** 불규칙 동사

• する ➡ できる   • くる ➡ こられる
하다   할 수 있다   오다   올 수 있다

💡Tip 가능 동사 앞에 오는 조사는?

가능 동사 앞에 우리말의 해석이 '을/를'일 경우,
조사 'を'가 아니라 'が'를 써야 해요~

私は なっとうが たべられます。
저는   낫토를   먹을 수 있습니다.

여기서 반짝 센스쑥쑥

3 실생활 문장 익히기 ✦✦

 가능 표현을 생각하면서 실생활 예문을 읽어 보세요.

日本語で 話す ことが できます。

일본어로 말할 수 있습니다.

カードで 買えますか。　카드로 살 수 있습니까?

自転車に 乗る ことが できます。

자전거를 탈 수 있습니다.

> 'のる(타다)'는
> 가능 표현을 쓸 때도 조사가 'が'로
> 바뀌지 않고 'に'를 쓰는 것에
> 주의해야 해요.

さしみが 食べられません。　생선회를 못 먹습니다.

ケーキを 作る ことが できません。　케이크는 못 만듭니다.

なっとうは 食べる ことが できますか。

낫토는 먹을 수 있습니까?

海で 泳げますか。　바다에서 수영할 수 있습니까?

ネットでも ドラマが 見られます。

인터넷으로도 드라마를 볼 수 있습니다.

買う 사다 | 自転車 자전거 | さしみ 회 | なっとう 낫토(우리의 된장과 비슷한

발효 식품) | 泳ぐ 수영하다 | ～ても ～으로도

4 확인 문제 ✦✦

✏️ **다음 빈칸에 알맞은 히라가나를 넣어 보세요.**

① 자전거를 탈 수 있습니다.

自転車 [　] 乗る ことが [　][　][　]。

② 인터넷으로도 드라마를 볼 수 있습니다.

ネットでも ドラマ [　] 見 [　] ます。

③ 생선회를 못 먹습니다.

さしみが 食べ [　][　][　][　]。

④ 낫토는 먹을 수 있습니까?

なっとうは [　][　][　] ことが できますか。

🔊 **다음 문장을 일본어로 말해 보세요.**

1
카드로 살 수 있습니까?

2
일본어로 말할 수 있습니다.

3
바다에서 수영 할 수 있습니까?

내일도 할꺼징?

정답 187쪽

진행 · 상태 표현 끝내기

Day 3

▌핵심문법 1단계 ✧✦

진행 표현을 알아볼 거예요. 진행 표현이란? '〜하고 있다'라는 뜻입니다.

★ **진행 표현**   〜て いる

今 ごはんを たべて いる。   지금 밥을 먹고 **있다.**

今 おさけを のんで いる。   지금 술을 마시고 **있다.**

今 あめが ふって いる。   지금 비가 내리고 **있다.**

★ **〜て いる의 기타 표현**

毎朝 クラシックを 聞いて います。 （습관·반복）

매일 아침 클래식을 듣고 있어요.

めがねを かけて います。 （성질·상태）

안경을 쓰고 있어요. (안경을 쓴 상태)

---

2 핵심문법 2단계 ✨

상태 표현은 자동사인지 타동사인지에 따라 형태가 달라요. 타동사에는 '~てあ
る'가 붙고, 자동사에는 '~ている'가 붙어 '~해져 있다'라는 의미를 나타내요.

★ **타동사 + て ある** (누군가가) 미리 준비한 결과의 상태

- まどを あける ➡ まどが あけて ある
  창문을 열다　　　　　　창문이 열려 있다

- 車を とめる ➡ 車が とめて ある
  차를 세우다　　　　　차가 세워져 있다

★ **자동사 + て いる** 단순한 상태

- まどが あく ➡ まどが あいて いる
  창문이 열리다　　　　창문이 열려 있다

- 車が とまる ➡ 車が とまって いる
  차가 멈추다　　　　차가 멈춰 있다

Tip 자동사·타동사가 뭐에요?

✓ 자동사 : 목적어 '~을/를'이 필요하지 않은 동사

　　~が はじまる ~이 시작되다 | ~が おちる ~이 떨어지다 |
　　~が しまる ~이 닫히다 | ~が でる ~이 나오다

✓ 타동사 : 목적어 '~을/를'이 필요한 동사

　　~を はじめる ~을 시작하다 | ~を おとす ~을 떨어뜨리다 |
　　~を しめる ~을 닫다 | ~を だす ~을 내다, ~을 제출하다

3 실생활 문장 익히기

 진행과 상태 표현을 생각하면서 실생활 예문을 읽어 보세요.

映画の チケットが 予約して あります。

영화 티켓이 **예약되어 있습니다.**

ビールは れいぞうこに 入れて あります。

맥주는 냉장고에 **들어 있습니다.**

今は ホームで 電車を 待って います。

지금은 플랫폼에서 전철을 **기다리고 있습니다.**

雨が 降って います。 비가 **내리고 있습니다.**

かぎが かかって います。 열쇠가 **걸려(잠겨) 있습니다.**

教室に さいふが 落ちて います。

교실에 지갑이 **떨어져 있습니다.**

家のまえに 車が 止めて あります。

집 앞에 자동차가 **세워져 있습니다.**

予約 예약 ㅣ れいぞうこ 냉장고 ㅣ 入れる 넣다(타동사) ㅣ ホーム 플랫폼, 승강장 ㅣ
かぎが かかる 열쇠가 잠기다(채워지다) ㅣ 落ちる 떨어지다 ㅣ 止める 세우다

4 확인 문제

✏️ **다음 빈칸에 알맞은 히라가나를 넣어 보세요.**

① 맥주는 냉장고에 들어 있습니다.

ビールは れいぞうこ ⬜ 入れて ⬜ ます。

② 교실에 지갑이 떨어져 있습니다.

教室に さいふ ⬜ 落ち ⬜ 。

③ 영화 티켓이 예약되어 있습니다.

映画の チケット ⬜ 予約し ⬜ ます。

④ 비가 내리고 있습니다.

雨が 降って ⬜ 。

✏️ **우리말 문장에 맞게 일본어를 배열해 보세요.**

① 집 앞에 자동차가 세워져 있습니다.

家の ①車が ②止めて ③あります ④まえに

➡ 家の _____

② 지금은 플랫폼에서 전철을 기다리고 있습니다.

今は ①電車を ②ホームで ③います ④待って

➡ 今は _____

정답 187쪽

여섯 번째 작심삼일을 공부한 당신,
이 정도는 말할 수 있다!

★ **상황 1**

퇴근 길, 작심 씨는 새로운 라면이 나왔다는 소식을 듣고 편의점에 갔어요.
계산하려고 보니 현금이 없네요. "카드로 살 수 있습니까?"라고 어떻게 말
할까요?

➡

_____

★ **상황 2**

오늘 삼일 씨는 기분이 좋습니다. 주위에서 무슨 좋은 일이 있냐고 물어보
네요. "친구가 스웨터를 만들어 주었습니다."라고 어떻게 얘기하면 좋을까
요?

➡

_____

상황1 : カードで かえますか。/ カードで かう ことが できますか。
상황2 : ともだちに セーターを つくって もらいました。
　　　　 ともだちが セーターを つくって くれました。

뭐하러 꾸준히 해?

3일씩만 열심히 할 건데...?

가정 · 의지 표현

らいげつから すいえいを
ならう つもりです。
다음 달부터 수영을
배울 생각이에요.

하루만 예뻐 보이고 싶다.
난 매일 예쁘니까^^^^^^

가정 · 의지 표현

만약 복권에 당첨된다면 무엇을 하고 싶나요? 여기에서 '만약 ～라면/～한다면'을 가정 표현이라고 해요. 일본어의 가정 표현은 4가지가 있어서, 상황에 따라 구분해서 써야 해요. 너무 많다고 생각되나요? 미리 걱정하지 말기로 해요. 어떤 차이가 있는지 차근차근 배우면 쉽게 이해할 수 있어요. 가정 표현과 함께 의지 표현도 배워 봐요. 그럼 일곱 번째 작심삼일 시작해 볼까요?

Day 1	가정 표현 と · ば 끝내기
Day 2	가정 표현 たら · なら 끝내기
Day 3	의지 표현 끝내기

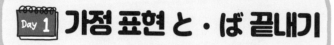

핵심문법 1단계 ✦✦

가정 표현 중에서 'と'는 기계 작동, 자연 현상, 필연적인 것, 길의 순서를 물을 때
흔히 사용해요.

★ 가정법 と 당연한 결과

접속 형태	동사 기본형 + と	おすと 누르면
	い형용사 기본형 + と	たかいと 비싸면
	な형용사 기본형 + と	きれいだと 예쁘면
	명사 + だと	ゆきだと 눈이라면(눈이 내리면)

この ボタンを おすと 水が 出ます。
이 버튼을 **누르면** 물이 나와요.

となりが うるさいと 眠れません。
옆집이 **시끄러우면** 잠을 못 자요.

景色が きれいだと 気持ちが いいです。
경치가 **예쁘면** 기분이 좋아요.

雨だと 調子が 悪いです。 **비가 내리면** 컨디션이 안 좋아요.

---

2 핵심문법 2단계 ✨

가정 표현 'ば'는 'もし~ば(만약 ~라면)'이라는 조건을 가정할 때 사용해요. 앞 문장에서 조건을 제시하기 때문에, 앞 문장에 초점이 있으며, 문장 끝에 의지 · 희망 · 명령 · 의뢰 표현은 올 수 없어요.

★ **가정법 ば** 조건의 가정

접속 형태		
동사 う단 ➡ え단 + ば	かう ➡ かえば 사면	
	たべる ➡ たべれば 먹으면	
	する ➡ すれば 하면	
	くる ➡ くれば 오면	
い형용사 い + ければ	やすい ➡ やすければ 싸면	
な형용사 だ + なら(ば)	ひまだ ➡ ひまなら(ば) 한가하면	
명사 + なら(ば)	しゅうまつ なら(ば) 주말이면	

どう すれば いいですか。 **어떻게 하면** 됩니까?

もし 高_{たか}ければ 買_かいません。 **만약 비싸면** 안 사요.

私_{わたし}は お酒_{さけ}を 飲_のめば 顔_{かお}が あかく なります。
저는 술을 **마시면** 얼굴이 빨개져요.

> **Tip** 'あかく なる'의 'なる'는 무슨 뜻일까요?
>
> 동사 'なる'는 '~되다, ~지다'라는 뜻이에요. 명사와 형용사에 접속하는 방법이 달라요.
> ✓ い형용사 : おいしい + なる ➡ おいしく なる   맛있어지다
> ✓ な형용사 : しずかだ + なる ➡ しずかに なる   조용해지다
> ✓ 명   사 : せんせい + なる ➡ せんせいに なる   선생님이 되다

3 실생활 문장 익히기 ✦✦

 가정 표현을 생각하면서 실생활 예문을 읽어 보세요.

ケーキを 食べると ふとります。 케이크를 **먹으면** 살찝니다.

まっすぐ 行くと 駅が あります。 곧장 **가면** 역이 있습니다.

この ボタンを おすと カップラーメンが 出ます。
이 버튼을 **누르면** 컵라면이 나옵니다.

この 薬を 飲めば かぜが なおります。
이 약을 **먹으면** 감기가 낫습니다.

からければ 食べなくても いいです。
매우면 먹지 않아도 돼요.

急行で 行けば はやく 着きます。
급행으로 **가면** 빨리 도착합니다.

安ければ 買います。 **싸면** 사겠습니다.

ふとる 살찌다 | まっすぐ 곧장 | おす 누르다 | 出る 나오다 | なおる (병 따위가) 낫다 | からい 맵다 | 着く 도착하다 | 安い 싸다 | 買う 사다

4 확인 문제 ✧✧

✎ **다음 빈칸에 알맞은 히라가나를 넣어 보세요.**

1 이 약을 먹으면 감기가 낫습니다.

この 薬を ⬜⬜ ば かぜが なおります。

2 매우면 먹지 않아도 됩니다.

から ⬜⬜ ば 食べなく ⬜⬜ いいです。

3 급행으로 가면 빨리 도착할 수 있습니다.

急行で 行 ⬜⬜ ば はやく 着きます。

4 케이크를 먹으면 살찝니다.

ケーキを 食 ⬜⬜ と ふとります。

🔊 **다음 문장을 일본어로 말해 보세요.**

1
싸면 사겠습니다.

2
곧장 가면
역이 있습니다.

3
이 버튼을 누르면
컵라면이 나옵니다.

조금만 더
화이팅!!

정답 188쪽 ▶

Day 2 # 가정 표현 たら·なら

┃ 핵심문법 1단계 ⭐

가정 표현 '～たら'도 '～하면'이란 뜻으로, 모든 품사의 과거형에 붙고 가정 표현 중에서 가장 폭넓게 사용할 수 있는 표현이에요. ～と와 ～ば 대신에 쓰이기도 해서 회화에서 많이 사용해요.

★ **가정법 たら**　폭넓게 사용

> 모든 품사의 과거형인
> た형 + ら

접속 형태	동사 た형 + ら	降^ふる ➡ 降^ふったら 내리면
	い형용사 た형 + ら	安^{やす}い ➡ 安^{やす}かったら 싸면 ◄
	な형용사 た형 + ら	ひまだ ➡ ひまだったら 한가하면
	명사 た형 + ら	やすみ ➡ やすみだったら 쉬는 날이면

雪^{ゆき}が降^ふったら ドライブ^{ど ら い ぶ}に 行^いきたい。
눈이 오면 드라이브하러 가고 싶다.

よかったら 明日^{あした} 連絡^{れんらく}して ください。
괜찮으면 내일 연락해 주세요.

ひまだったら 一緒^{いっしょ}に 買^かい物^{もの}に 行^いきませんか。
한가하면 같이 쇼핑하러 가지 않겠습니까?

---

2 핵심문법 2단계 ✦

가정법 なら는 '~라면, ~한다면'의 뜻으로 주로 상대방이 말한 의견이나 상황, 결심 등을 듣고, 그것에 대해 조언, 의견 등 본인의 생각을 말할 때 사용해요.

★ **가정법 'なら'** 조언 · 제안

접속 형태	동사 사전형 + なら	行く ➡ 行くなら 간다면
	い형용사 い + なら	安い ➡ 安いなら 싸다면
	な형용사 だ + なら	すきだ ➡ すきなら 좋아한다면
	명사 + なら	あめ ➡ あめなら 비라면

A : 服が 買いたいですが…。 옷을 사고 싶은데요.

B : 服を 買うなら 原宿が いちばん 安いですよ。
옷을 **살 거라면** 하라주쿠가 가장 싸요.

A : 納豆は あまり 好きじゃ ありません。
낫토는 별로 좋아하지 않아요.

B : 納豆が きらいなら 食べなくても いいですよ。
낫토가 **싫다면** 먹지 않아도 돼요.

> **Tip** '~が'의 다른 용법
>
> 명사 뒤에 붙는 조사 'が'는 '~이(가), ~을(를)'의 뜻이 있어요.
> 그 밖에도 서술형에 붙어 '~는데, ~인데', '~인데도, ~지만'의 뜻을 갖기도 해요.
>
> ✓ 買いたいですが。 사고 싶은데요.
> ✓ 日本語は 難しいですが、おもしろいです。 일본어는 어렵지만, 재미있습니다.

3 실생활 문장 익히기 ✦

📖 가정 표현을 생각하면서 실생활 예문을 읽어 보세요.

駅に **着いたら** 電話して ください。

역에 **도착하면** 전화해 주세요.

- -

予約を キャンセルしたいですが、 **どうしたら いいですか。**

예약을 취소하고 싶은데 **어떻게 하면 될까요?**

- -

宝くじに **あたったら** 何が したいですか。

복권에 **당첨되면** 무엇을 하고 싶어요?

- -

北海道**なら** ２月が いいですよ。 홋카이도**라면** 2월이 좋아요.

- -

仕事が **終わったら** 飲みに 行きませんか。

일이 **끝나면** 마시러(한잔하러) 가지 않을래요?

- -

温泉**なら** 別府が いいですよ。 온천**이라면** 벳부가 좋아요.

- -

新幹線**なら** ３時間ぐらい かかります。

신칸센**이라면** 3시간 정도 걸립니다.

- -

着く 도착하다 │ 予約 예약 │ 宝くじに あたる 복권에 당첨되다 │ 温泉 온천 │
新幹線 신칸센(도시간 고속 간선 철도)

4 확인 문제

다음 빈칸에 알맞은 히라가나를 넣어 보세요.

1. 홋카이도라면 2월이 좋아요.

   北海道 [　] 2月が いいですよ。

2. 예약 취소는 어떻게 하면 될까요?

   予約の キャンセルは [　　　　] いいですか。

3. 신칸센이라면 3시간 정도 걸립니다.

   新幹線 [　] 3時間ぐらい かかります。

4. 일이 끝나면 한잔하러 가지 않을래요?

   仕事が 終わっ [　] 飲みに 行きませんか。

다음 문장을 일본어로 말해 보세요.

1
온천이라면
벳부가 좋아요.

2
복권에 당첨되면
무엇을 하고 싶어요?

3
역에 도착하면
전화해 주세요.

내일도
할꺼징?

정답 188쪽

의지 표현 끝내기

1 핵심문법 1단계

동사의 의지형 '～해야지'와 권유형 '～하자'는 형태가 똑같아요. 어떻게 바뀌는지 알아봅시다.

 ★ **의지·권유형**

- **1그룹:** 끝을 お단으로 바꾸고 + う
- **2그룹:** る를 없애고 + よう
- **3그룹:** 그냥 외우기 する ➡ しよう ｜ くる ➡ こよう

	기본형		의지 · 권유형	
1 그룹	いく	가다	いこう	가야지, 가자
	いそぐ	서두르다	いそごう	서둘러야지, 서두르자
	はなす	이야기하다	はなそう	이야기해야지, 이야기하자
	まつ	기다리다	まとう	기다려야지, 기다리자
	あそぶ	놀다	あそぼう	놀아야지, 놀자
	のむ	마시다	のもう	마셔야지, 마시자
	おくる	보내다	おくろう	보내야지, 보내자
2 그룹	みる	보다	みよう	봐야지, 보자
	たべる	먹다	たべよう	먹어야지, 먹자
3 그룹	する	하다	しよう	해야지, 하자
	くる	오다	こよう	와야지, 오자

2 핵심문법 2단계 ✦✧

본격적으로 의지 표현 3가지를 배워 봅시다.

★ **동사 의지형 + と 思^{おも}う** ~하려고 (생각)하다

家族^{かぞく}と 日本^{にほん}へ 行^いこうと 思^{おも}う。

가족과 일본에 **가려고 한다**.

★ **동사 사전형 + つもりだ** ~할 생각(작정)이다

週末^{しゅうまつ}は 友^{とも}だちに 会^あう つもりだ。

주말에는 친구를 만날 **생각이다**.

- -

家^{いえ}は 買^かわない つもりです。

집은 사지 않을 **생각입니다**. ▶ 부정형 ない에도 'つもりだ'를 붙일 수 있어요

★ **동사 사전형 + 予定^{よてい}だ** ~할 예정이다

明日^{あした}は 午後^{ごご} 2時^{にじ}から 会議^{かいぎ}が ある 予定^{よてい}です。

내일은 오후 2시부터 회의가 있을 **예정입니다**.

> **Tip** '~つもり'와 '~予定^{よてい}'의 차이점
> ∙∙∙∙∙∙∙∙∙∙∙∙∙∙∙∙∙∙∙∙∙∙∙∙∙∙∙∙∙∙∙∙∙∙∙∙
> ✓ つもり : 말하는 사람의 개인적인 결심을 말할 때
> ✓ 予定^{よてい} : 다른 사람과 상의해서 결정한 것이나 공적인 결정 사항 등을 말할 때

---

3 실생활 문장 익히기 ✦

 의지 표현을 생각하면서 실생활 예문을 읽어 보세요.

らいげつ すいえい なら
来月から 水泳を 習う つもりです。

다음 달부터 수영을 **배울 생각입니다**.

- -

らいねん しゅうしょく おも
来年は かならず 就職しようと 思います。

내년에는 꼭 **취직하려고 합니다**.

- -

じゅぎょう お ほん や い おも
授業が 終わったら 本屋へ 行こうと 思います。

수업이 끝나면 서점에 **가려고 합니다**.

- -

あした に じ ひ こう き あ め り か い よ てい
明日 2時の 飛行機で アメリカへ 行く 予定です。

내일 2시 비행기로 미국에 **갈 예정입니다**.

- -

あ る ば い と
アルバイトは しない つもりです。

아르바이트는 안 할 **생각입니다**.

- -

く り す ま す ぷ ろ ぽ ー ず おも
クリスマスに プロポーズしようと 思います。

크리스마스에 프러포즈 **하려고 합니다**.

- -

や さい た おも
野菜を たくさん 食べようと 思います。

야채(채소)를 많이 **먹으려고 합니다**.

- -

すいえい なら しゅうしょく じゅぎょう ぷ ろ ぽ ー ず
水泳 수영 ┃ 習う 배우다 ┃ 就職 취직 ┃ 授業 수업 ┃ プロポーズ 프러포즈 ┃
や さい
野菜 야채, 채소

4 확인 문제 ✨

다음 빈칸에 알맞은 히라가나를 넣어 보세요.

① 아르바이트는 안 할 생각입니다.

アルバイトは 　　　　　　 つもり 　　　　　。
あ る ば い と

② 야채(채소)를 많이 먹으려고 해요.

野菜を たくさん 食べ 　　　　 と 思います。
や さい　　　　　 た　　　　　　　　 おも

③ 크리스마스에 프러포즈 하려고 해요.

クリスマスに プロポーズ 　　　　　　 思います。
く り す ま す　　　 ぷ ろ ぼ ー ず　　　　　　　　 おも

④ 다음 달부터 수영을 배울 생각이에요.

来月から 水泳を 習う 　　　　　 です。
らいげつ　　　 すいえい　 なら

다음 우리말 문장에 맞게 일본어를 알맞게 배열해 보세요.

① 2시 비행기로 미국에 갈 예정입니다.

2時の ①アメリカへ ②飛行機で ③予定です ④行く
に じ　　　 あ め り か　　　 ひ こう き　　 よ てい　　 い

➡ 2時の
　　に じ
_____

② 내년에는 꼭 취직하려고 해요.

来年は ①就職 ②思っています ③しようと ④かならず
らいねん　 しゅうしょく　 おも

➡ 来年は
　　らいねん
_____

정답 188쪽

일곱 번째 작심삼일을 공부한 당신,
이 정도는 말할 수 있다!

★ **상황 1**

오늘도 상쾌한 아침! 옆에 앉은 동료가 감기에 걸렸네요. 뭔가 도와주고 싶은 작심 씨! "이 약을 먹으면 감기가 나아요."라고 어떻게 말하면 좋을까요?

➡

_____

★ **상황 2**

뭐든 열심히 하는 삼일 씨! 취업 준비도 열심히 하고 있네요!
"다음 달부터는 수영을 배울 생각입니다."라고 어떻게 말하면 좋을까요?

➡

_____

상황1 : この くすりを のめば かぜが なおります。
상황2 : らいげつから すいえいを ならう つもりです。

Q : 하루에 얼마나 공부해야 되나요?

될놈
최대한 많이 하려고 한다.

안될놈
이 질문을 한다.

추측 표현

여덟 번째 작심삼일은 추측 표현이에요. 길을 가다 어느 카페 앞을 지나갈 때 쇼윈도에 진열된 케이크를 보면 '와~맛있겠다!'라고 말하게 되죠. 또 휴일에 어딘가 가려고 할 때 '오늘도 길이 많이 밀리겠지?'라고 생각할 거예요. 이렇게 어떤 상황을 경험을 통해 또는 자신의 느낌으로 추측하는 표현은 실생활에 자주 쓰여요. 오늘은 이 추측 표현 そうだ・ようだ・らしい를 배워 보기로 해요.

 Day 1 そうだ 끝내기

 Day 2 ようだ 끝내기

 Day 3 らしい 끝내기

そうだ 끝내기

┃ 핵심문법 1단계 ⭐

추측 표현의 そうだ는 '~할 것 같다, ~해 보인다'는 뜻으로, 말하는 사람이 보고 느낀 대로 직감적으로 표현하는 것으로 주관적인 판단 또는 느낌을 나타내요.

★ **추측의 そうだ 접속 형태**

> 명사는 추측의
> 'そうだ'와 접속할 수 없습니다.
> 日本人そうだ (×)

● **동사 ます형 + そうだ**

ふります + そうだ ➡ ふりそうだ
내립니다   ~것 같다   내릴 것 같다

● **い형용사 い + そうだ**

おいしい + そうだ ➡ おいしそうだ
맛있다   ~것 같다   맛있을 것 같다

> Tip 형용사 'ない'와
> 'よい(いい)'의 접속형태!
> ● ない + そうだ ➡
>   なさそうだ(없을 것 같다)
> ● よい(いい) + そうだ ➡
>   よさそうだ(좋을 것 같다)

● **な형용사 だ + そうだ**

ひまだ + そうだ ➡ ひまそうだ
한가하다   ~것 같다   한가할 것 같다

2 핵심문법 2단계 ✦✧

そうだ 표현에는 앞에서 배운 추측의 의미 이외에도 다른 사람으로부터 얻은 정보를 그대로 전달하는 전문 표현이 있어요. 보통 '～によると(～에 의하면)'과 호응하여 '～라고 한다'는 뜻이 됩니다. 추측 표현과 전문 표현은 접속 형태가 달라서 꼭 주의해야 합니다.

★ 전문의 そうだ 접속 형태

• 동사 보통형 + そうだ

ふる ＋ そうだ ➡ ふるそうだ

내리다　～라고 한다　　내린다고 한다

> **Tip** 동사 보통형(반말체)
> - ふる　　　　　内리다
> - ふらない　　　内리지 않는다
> - ふった　　　　内렸다
> - ふらなかった　内리지 않았다

• い형용사 보통형 + そうだ

さむい ＋ そうだ ➡ さむいそうだ

춥다　　～라고 한다　　　춥다고 한다

> **Tip** い형용사 보통형(반말체)
> - さむい　　　　　춥다
> - さむくない　　　춥지 않다
> - さむかった　　　추웠다
> - さむくなかった　춥지 않았다

• な형용사 보통형 + そうだ

すきだ ＋ そうだ ➡ すきだそうだ

좋아하다　～라고 한다　　좋아한다고 한다

> **Tip** な형용사 보통형(반말체)
> - すきだ　　　　　　좋아하다
> - すきじゃない　　　좋아하지 않는다
> - すきだった　　　　좋아했다
> - すきじゃなかった　좋아하지 않았다

• 명사 보통형 + そうだ

やすみだ ＋ そうだ ➡ やすみだそうだ

쉬는 날이다　～라고 한다　쉬는 날이라고 한다

> **Tip** 명사의 보통형(반말체)
> な형용사와 형태가 같아요.
> 잊지 말고 명사에 'だ'를 꼭 붙입시다!

3 실생활 문장 익히기 ✦

 そうだ의 용법을 생각하면서 실생활 예문을 읽어 보세요.

明日は 雪が 降るそうです。 내일은 눈이 온다고 합니다.

この 本は 漢字が 多くて 難しそうです。
이 책은 한자가 많아서 어려울 것 같아요.

あの 服は 高そうですね。 저 옷은 비쌀 것 같군요.

納豆は おいしく なさそうです。
낫토는 맛있지 않을 것 같아요.

服の ボタンが とれそうです。
옷 단추가 떨어질 것 같아요.

彼は ちょっと 遅れるそうです。 그는 좀 늦는다고 합니다.

この かばんは 丈夫そうです。 이 가방은 튼튼할 것 같아요.

天気予報に よると 今日 35度にも なるそうだ。
일기예보에 의하면 오늘 35도나 된다고 한다.

漢字 한자 | 難しい 어렵다 | 高い 비싸다, 높다 | ボタンが とれる 단추가 떨어지다 | 遅れる 늦다, 지각하다 | 丈夫だ 튼튼하다 | 35 さんじゅうご

4 확인 문제 ✦

✎ **다음 빈칸에 알맞은 히라가나를 넣어 보세요.**

❶ 내일은 눈이 온다고 합니다.

明日_{あした}は 雪_{ゆき}が [　　] そうです。

❷ 옷 단추가 떨어질 것 같아요.

服_{ふく}の ボタンが とれ [　　] です。

❸ 낫토는 맛있지 않을 것 같아요.

納豆_{なっとう}は おいしく [　　] そうです。

❹ 이 책은 한자가 많아서 어려울 것 같아요.

この 本_{ほん}は 漢字_{かんじ}が 多_{おお}くて [　　　　] そうです。

🔊 **다음 문장을 일본어로 말해 보세요.**

1
그는 좀 늦는다고
합니다.

2
저 옷은 비쌀 것
같아요.

3
이 가방은
튼튼할 것 같아요.

조금만 더
화이팅!!

정답 188쪽 ▶

Day 2

ようだ 끝내기

핵심문법 1단계

추측 표현 중 'ようだ'는 경험이나 근거에 의한 화자의 주관적 판단을 말하며, '(내가 생각하기에는) ~인 것 같다'라는 뜻이에요.

★ 추측의 'ようだ' 접속 형태

• 동사 보통형 + ようだ

勉強している + ようだ ➡ 勉強しているようだ

공부하고 있다　　~인 것 같다　　공부하고 있는 것 같다

• い형용사 보통형 + ようだ

わるい + ようだ ➡ わるいようだ

나쁘다　　~인 것 같다　　나쁜 것 같다

• な형용사 な + ようだ

ひまだ + ようだ ➡ ひまなようだ

한가하다　　~인 것 같다　　한가한 것 같다

• 명사 の + ようだ

日本人 + ようだ ➡ 日本人のようだ

일본인　　~인 것 같다　　일본인인 것 같다

> 'まるで(마치)'와 호응하여 비유의 용법을 나타내기도 한다.

2 핵심문법 2단계 ⭐️

추측 표현 'ようだ'와 같은 표현인 'みたいだ'는 회화에서 많이 사용하는 회화체입니다. 'ようだ'와 같은 의미라도 な형용사, 명사와의 접속 형태는 다르다는 점 꼭 기억하세요.

★ 추측의 'みたいだ' 접속 형태

● **동사 보통형 + みたいだ**

勉強している + みたいだ ➡ 勉強しているみたいだ
공부하고 있다　　　 ～인 것 같다　　　 공부하고 있는 것 같다

● **い형용사 보통형 + みたいだ**

わるい + みたいだ ➡ わるいみたいだ
나쁘다　　 ～인 것 같다　　 나쁜 것 같다

● **な형용사 ~~だ~~ + みたいだ**

ひま~~だ~~ + みたいだ ➡ ひまみたいだ
한가하다　　 ～인 것 같다　　 한가한 것 같다

● **명사 + みたいだ**

日本人 + みたいだ ➡ 日本人みたいだ
일본인　　 ～인 것 같다　　 일본인인 것 같다

---

3 실생활 문장 익히기 ★

 ようだ의 용법을 생각하면서 실생활 예문을 읽어 보세요.

彼(かれ)は 今日(きょう) こないようです。

그는 오늘 오지 않을 것 같아요.

- -

木村(きむら)さんは からい ものが 好(す)きなようです。

기무라 씨는 매운 것을 좋아하는 것 같아요.

- -

今日(きょう)は まるで 秋(あき)のようですね。

오늘은 마치 가을인 것 같네요.

- -

熱(ねつ)が あるようです。

열이 있는 것 같아요.

- -

鼻水(はなみず)も 出(で)て きて、風邪(かぜ)を ひいたようです。

콧물도 나오고, 감기에 걸린 것 같아요.

- -

あの 車(くるま)は おもちゃみたいだ。

저 자동차는 장난감 같다.

- -

先生(せんせい)は 今日(きょう) 休(やす)みみたいです。

선생님은 오늘 쉬는 날인 것 같아요.

まるで 마치 ｜ 秋(あき) 가을 ｜ 熱(ねつ) 열 ｜ 風邪(かぜ)をひく 감기에 걸리다 ｜ おもちゃ 장난감

4 확인 문제 ✦

✎ **다음 빈칸에 알맞은 히라가나를 넣어 보세요.**

① 기무라 씨는 매운 것을 좋아하는 것 같아요.

木村さんは からい ものが 好き☐ ようです。

② 오늘은 마치 가을인 것 같네요.

今日は まるで 秋☐ ようですね。

③ 그는 오늘은 오지 않을 것 같습니다.

彼は 今日は ☐☐ ようです。

④ 저 자동차는 장난감 같다.

あの 車は おもちゃ☐☐ だ。

🔊 **다음 문장을 일본어로 말해 보세요.**

1
선생님은 오늘
쉬는 날인 것 같아요.

2
감기에 걸린 것
같아요.

3
열이 있는 것
같아요.

내일도 할거지?

정답 188쪽

Day 3

らしい 끝내기

✦ 핵심문법 1단계 ✦

추측 표현 らしい는 여러 가지 상황이나 들은 것을 토대로 객관적으로 전달하는 표현이에요. '~인 것 같다', '~라는 것 같다', '~라고 한다' 등으로 해석해요.

★ らしい의 접속 형태

• **동사 보통형 + らしい**

留学する + らしい ➡ 留学するらしい

유학 가다　～인 것 같다　유학 가는 것 같다(간다는 것 같다)

• **い형용사 보통형 + らしい**

わるい + らしい ➡ わるいらしい

나쁘다　～인 것 같다　나쁜 것 같다(나쁘다는 것 같다)

• **な형용사 だ + らしい**

ひまだ + らしい ➡ ひまらしい

한가하다　～인 것 같다　한가한 것 같다

> **Tip** 명사 + らしい의 **접미어** 용법
> • 日本人らしい 일본인답다
> • 春らしい 봄답다

• **명사 + らしい**

日本人 + らしい ➡ 日本人らしい

일본인　～인 것 같다　일본인인 것 같다

---

2 핵심문법 2단계 ✦

らしい와 접속 형태가 같은 가능성을 나타내는 표현 '〜かもしれない(〜일지도 모른다)'와 단정을 피하는 표현 '〜でしょう(〜일 것입니다, 〜이지요?)'를 살펴봐요.

★ 〜かもしれない   〜일지도 모른다

大雨で 電車が 遅れるかもしれない。
호우로 전철이 늦을**지도 모른다**.

> **Tip** 조사 'で'의 용법
>
> 조사 'で'가 장소에 붙으면 '学校で(학교에서)', 교통 수단에 붙으면 'バスで(버스로)' 였어요. '大雨で(호우로)'처럼 원인·이유를 말할 때에는 '〜으로, 〜때문에'로 해석하면 돼요.

あの 人は 日本人かもしれません。
저 사람은 일본인**일지도 모릅니다**.

★ 〜でしょう   〜일 것입니다, 〜이지요?

この すいかは あまいでしょう。
이 수박은 달**겠지요?**(달 **것입니다**)

この カードは 使えないでしょう。
이 카드는 사용할 수 없**겠죠?**(없을 **것입니다**)

---

3 실생활 문장 익히기

 らしいの 용법을 생각하면서 실생활 예문을 읽어 보세요.

うわさでは 彼女(かのじょ)は 会社(かいしゃ)を やめるらしいです。

소문으로는 그녀는 회사를 **그만둔다는 것 같아요**.

明日(あした)は 雨(あめ)かもしれません。

내일은 **비가 올지도 모릅니다**.

今日(きょう)は 冬(ふゆ)らしい 天気(てんき)ですね。 오늘은 **겨울다운** 날씨네요.

あの 先生(せんせい)の 授業(じゅぎょう)は おもしろいでしょう。

저 선생님 수업은 **재미있을 거예요**.

ここよりも あちらの ほうが しずかかもしれない。

여기보다도 저쪽이 **조용할지도 몰라**.

佐藤(さとう)さんは 前(まえ)は 俳優(はいゆう)だったらしいです。

사토 씨는 전에는 **배우였다고 해요**.

彼(かれ)は きっと くるでしょう。 그는 분명 **올 것입니다**.

うわさ 소문 | やめる 그만두다 | 天気(てんき) 날씨 | 授業(じゅぎょう) 수업 | あちら 저쪽 |

より ~보다 | しずかだ 조용하다 | 俳優(はいゆう) 배우 | きっと 분명

4 확인 문제

  다음 빈칸에 알맞은 히라가나를 넣어 보세요.

① 내일은 비가 올지도 모릅니다.

明日は　　　　　 かもしれません。
<small>あした</small>

② 여기보다도 저쪽이 조용할지도 몰라.

ここよりも あちらの ほうが　　　　　 かもしれない。

③ 그는 분명 올 것입니다.

彼は きっと くる　　　　　　 。
<small>かれ</small>

④ 오늘은 겨울다운 날씨네요.

今日は 冬　　　　 天気ですね。
<small>きょう</small>　<small>ふゆ</small>　　　　<small>てん き</small>

  우리말 문장에 맞게 일본어를 배열해 보세요.

① 소문으로는 그녀는 회사를 그만둔다는 것 같아요.

うわさでは ①会社を ②彼女は ③らしいです ④やめる
　　　　　 <small>かいしゃ</small>　　<small>かのじょ</small>

➡ うわさでは _____

② 저 선생님 수업은 재미있을 거예요.

あの ①授業は ②おもしろい ③先生の ④でしょう
　　 <small>じゅぎょう</small>　　　　　　 <small>せんせい</small>

➡ あの _____

정답 188쪽 ➡

여덟 번째 작심삼일을 공부한 당신,
이 정도는 말할 수 있다!

★ **상황 1**

미팅이 있는 날! 거래처 직원한테 조금 늦는다고 연락이 왔네요. 부장님께
"야마다 씨는 좀 늦는다고 합니다."라고 어떻게 말하면 좋을까요?

➡

_____

★ **상황 2**

내일은 면접이 있는 날! 삼일 씨가 옷을 입고 난감해하고 있네요.
엄마가 무슨 일이냐고 묻는데 "단추가 떨어질 것 같아요."라고 어떻게
말하면 좋을까요?

➡

_____

상황1 : やまださんは ちょっと おくれるそうです。
상황2 : ボタンが とれそうです。

오늘은 여기까지
더 하다간 천재되겠어!

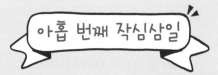

수동·사역·사역수동

となりの いぬに
かまれました。
옆집 개에게 물렸어요.

생각만 해도 아찔;;

 수동·사역·사역수동

수동 표현이라고 하면 보통은 외부로부터 피해를 당하는 장면을 연상하게 되죠? 맞아요. 하지만 '칭찬받다', '발명되다', '일컬어지다' 등도 수동 표현 중 하나예요. 의외로 활용도가 높은 표현이죠? 수동 표현을 공부하면서 사역 표현과 사역수동 표현의 차이점도 함께 알아봐요. 그럼 아홉 번째 작심삼일 시작해 볼까요?

 수동형 끝내기

 사역형 끝내기

 사역수동형 끝내기

Day 1

수동형 끝내기

'수동형'이란 누군가에게 '피해를 당하다'라는 표현이고, 그 밖에도 '~받다, ~되다, ~지다' 등의 여러 가지 의미가 있어요. 접속 형태부터 알아봅시다.

★ **수동형**
- **1그룹:** 끝을 あ단으로 바꾸고 + れる
- **2그룹:** る를 없애고 + られる
- **3그룹:** 그냥 외우기 する ➡ される │ くる ➡ こられる

	기본형		수동형	
1 그룹	かく	쓰다	かかれる	쓰이다
	ふむ	밟다	ふまれる	밟히다
	しかる	혼내다	しかられる	혼나다
	ぬすむ	훔치다	ぬすまれる	도난당하다
	えらぶ	선택하다	えらばれる	선택받다
	さそう	권하다	さそわれる	권유받다
2 그룹	ほめる	칭찬하다	ほめられる	칭찬받다
	みる	보다	みられる	보여지다, 들키다
3 그룹	する	하다	される	당하다
	くる	오다	こられる	누군가 오는 것을 당하다

> **Tip** う로 끝나는 동사 う ➡ わ + れる
>
> ✓ つかう 사용하다   つかあれる (✕)   つかわれる (○) 사용되다
> ✓ いう 말하다   いあれる (✕)   いわれる (○) 일컬어지다, 듣다

2 핵심문법 2단계

수동 표현의 종류를 살펴보고, 조사는 무엇을 쓰는지도 한번 살펴봅시다.

★ 직접 수동

<ruby>先生<rt>せんせい</rt></ruby>に ほめられました。 선생님께 칭찬**받았습니다.**

<ruby>先生<rt>せんせい</rt></ruby>に しかられました。 선생님께 혼**났습니다.**

★ 간접 수동 (피해 수동)

<ruby>友<rt>とも</rt></ruby>だちに こられて <ruby>勉強<rt>べんきょう</rt></ruby>できませんでした。
친구**가 와서** 공부 못 했습니다. (친구**에게** 옴을 **당해서**)

<ruby>雨<rt>あめ</rt></ruby>に <ruby>降<rt>ふ</rt></ruby>られて かぜを ひきました。
비**를 맞아서** 감기에 걸렸습니다. (비**에게** 내림을 **당해서**)

★ 피해 의식이 없는 수동 표현

<ruby>チ<rt>ち</rt></ruby><ruby>ー<rt>ー</rt></ruby><ruby>ズ<rt>ず</rt></ruby>は <ruby>ミ<rt>み</rt></ruby><ruby>ル<rt>る</rt></ruby><ruby>ク<rt>く</rt></ruby>から <ruby>作<rt>つく</rt></ruby>られます。
치즈는 우유**로** 만들**어집니다.**

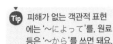

Tip 피해가 없는 객관적 표현에는 '〜によって'를, 원료 등은 '〜から'를 쓰면 돼요.

この ビルは <ruby>有名<rt>ゆうめい</rt></ruby>な <ruby>人<rt>ひと</rt></ruby>によって <ruby>建<rt>た</rt></ruby>てられた。
이 건물은 유명한 사람**에 의해** 지어**졌다.**

---

3 실생활 문장 익히기 ✨

 수동 표현을 생각하면서 실생활 예문을 읽어 보세요.

地下鉄で 財布を 盗まれました。

지하철에서 지갑을 도난**당했습니다.**

となりの 犬に かまれました。

옆집 개**에게** 물렸습니다.

急に 友だちに こられて 勉強できませんでした。

갑자기 친구**가 와서** 공부를 못 했습니다.

昨日、雨に 降られて 風邪を ひきました。

어제 비**를 맞아서** 감기에 걸렸습니다.

バスの 中で 知らない 人に 足を 踏まれました。

버스 안에서 모르는 사람**에게** 발을 **밟혔습니다.**

この スープは じゃがいもから 作られました。

이 수프는 감자**로 만들어졌습니다.**

昨日 木村さんに こくはくされました。

어제 기무라 씨**에게 고백받았습니다.**

盗む 훔치다 | 指 손가락 | かむ 물다 | 踏む 밟다 | じゃがいも 감자 | 〜から
〜로, 〜로부터(재료) | 作る 만들다 | こくはくする 고백하다

4 확인 문제 ✦✦

✎ 다음 빈칸에 알맞은 히라가나를 넣어 보세요.

① 옆집 개에게 물렸습니다.

となりの 犬に か ▢▢▢ ました。

② 모르는 사람에게 발을 밟혔습니다.

知らない 人 ▢ 足 ▢ 踏 ▢▢▢ ました。

③ 갑자기 친구가 찾아와서 공부를 못 했습니다.

急に 友だち ▢▢▢▢ 勉強できませんでした。

④ 지하철에서 지갑을 도난당했습니다.

地下鉄で 財布 ▢ 盗 ▢▢▢ ました。

◀€ 다음 문장을 일본어로 말해 보세요.

1

고백받았습니다.

2

비를 맞았습니다.

3

감자로
만들어졌습니다.

조금만 더
화이팅!!

정답 189쪽 ➡

사역형 끝내기

▌핵심문법 1단계 ⭐

사역형은 남에게 '시키다, 하게 하다'라는 뜻으로 지시 또는 명령 등을 나타내는 표현이에요. 강제성을 띠는 경우가 많지만 그렇지 않은 '허가'의 의미도 있어요.

★ **사역형**
- **1그룹:** 끝을 あ단으로 바꾸고 + せる
- **2그룹:** る를 없애고 + させる
- **3그룹:** 그냥 외우기 する ➡ させる ｜ くる ➡ こさせる

	기본형		사역형	
1그룹	いく	가다	いかせる	가게 하다
	よむ	읽다	よませる	읽게 하다
	やすむ	쉬다	やすませる	쉬게 하다
	つくる	만들다	つくらせる	만들게 하다
	あそぶ	놀다	あそばせる	놀게 하다
2그룹	みる	보다	みさせる	보게 하다
	やめる	그만두다	やめさせる	그만두게 하다
3그룹	する	하다	させる	시키다
	くる	오다	こさせる	오게 하다

Tip う로 끝나는 동사 う ➡ わ + せる

✓ つかう 사용하다　　つかあせる (×)　　つかわせる (○) 사용하게 하다
✓ わらう 웃다　　　　わらあせる (×)　　わらわせる (○) 웃게 하다

2 핵심문법 2단계

사역형은 기본적으로 '~에게 ~을 ~시키다(하게 하다)'의 의미로 '~에~를
~(さ)せる' 구문을 사용해요. 이 구문에서 쓰이는 조사를 잘 알아 두세요.

★ 사역형의 구문

試験が 終わって 学生たちを 休ませました。

시험이 끝나서, 학생들을 **쉬게 했습니다.**

母は 子どもに ほうれんそうを 食べさせました。

엄마는 아이**에게** 시금치를 먹게 **했습니다.**

★ 사역형 + て ください   ~하게 해 주세요

> 허락과
> 요청의 의미

明日、休ませて ください。 내일 쉬게 해 주세요.

- -

はやく 家へ 帰らせて ください。

일찍 집에 가게 **해 주세요.**

- -

公園で 遊ばせて ください。 공원에서 놀게 해 주세요.

- -

私に させて ください。 저에게 시켜 주세요.

---

3 실생활 문장 익히기 ✦

사역형을 생각하면서 실생활 예문을 읽어 보세요.

母は いつも 私に そうじを させます。

엄마는 언제나 나에게 청소를 시킵니다.

- -

子供に 公園を 散歩させました。

아이에게 공원을 산책시켰습니다.

- -

子供に ピアノを 習わせました。

아이에게 피아노를 배우게 했습니다.

- -

友達を 1時間も 待たせました。

친구를 한 시간이나 기다리게 했습니다.

- -

先生は 学生に グラウンドを 走らせました。

선생님은 학생에게 운동장을 달리게 했습니다.

- -

いつも 両親を 心配させます。 언제나 부모님을 걱정시킵니다.

- -

約束の 時間に 遅れて 彼女を 怒らせて しまった。

약속 시간에 늦어서 그녀를 화나게 해 버렸다.

- -

そうじ 청소 | 習う 배우다 | 待つ 기다리다 | 運動場 운동장 | 走る 달리다 |
心配 걱정 | 遅れる 늦다 | 怒る 화내다

4 확인 문제 ✦☆

✎ **다음 빈칸에 알맞은 히라가나를 넣어 보세요.**

① 언제나 부모님을 걱정시킵니다.

いつも 両親〔りょうしん〕□ 心配〔しんぱい〕□□ ます。

② 엄마는 언제나 나에게 청소를 시킵니다.

母〔はは〕は いつも 私〔わたし〕□ そうじ □□ させます。

③ 아이에게 피아노를 배우게 했습니다.

子供〔こども〕□ ピアノ □ 習〔なら〕□□ ました。

④ 친구를 한 시간이나 기다리게 했습니다.

友達〔ともだち〕を 1時間〔いちじかん〕□ 待〔ま〕□□ ました。

🔊 **다음 문장을 일본어로 말해 보세요.**

1
부모님을
걱정시켰습니다.

2
운동장을 달리게
했습니다.

3
공원을
산책시켰습니다.

내일도
할꺼지?

정답 189쪽

사역수동형 끝내기

핵심문법 1단계 ✦

사역수동형은 사역의 '시키다'와 수동의 '당하다'를 합쳐 '어쩔수 없이 시켜서 원하지 않는 것을 하다'라는 뜻을 나타내요.

★ **사역 수동형**
- **1그룹:** 끝을 あ단으로 바꾸고 + せられる(=される)
- **2그룹:** る를 없애고 + させられる
- **3그룹:** 그냥 외우기 する ➡ させられる
  くる ➡ こさせられる

	기본형		사역수동형	
1그룹	かう	사다	かわせられる	(어쩔 수 없이) 사다
	いく	가다	いかせられる	(어쩔 수 없이) 가다
	のむ	마시다	のませられる	(어쩔 수 없이) 마시다
	まつ	기다리다	またせられる	(어쩔 수 없이) 기다리다
2그룹	みる	보다	みさせられる	(어쩔 수 없이) 보다
	たべる	먹다	たべさせられる	(어쩔 수 없이) 먹다
3그룹	する	하다	させられる	(어쩔 수 없이) 하다
	くる	오다	こさせられる	(어쩔 수 없이) 오다

> **Tip** 동사 1그룹 사역수동형의 축약형
> ┄┄┄┄┄┄┄┄┄┄┄┄┄┄┄┄┄┄┄┄┄┄┄┄┄┄┄┄┄┄┄┄┄┄┄┄┄
> 1그룹: 끝을 あ단으로 바꾸고 + せられる(=される)
> ✓ かう(사다) ➡ かわせられる=かわされる   ✓ のむ(마시다) ➡ のませられる=のまされる
> 단, す로 끝나는 동사와 2, 3그룹은 축약형으로 바꿀 수 없어요!

2 핵심문법 2단계 ✦✦

사역수동형은 '누군가가 시켜서 어쩔 수 없이~하다'라는 의미로 '~에 ~(을)
~(さ)せられる' 구문을 써요. 시키는 사람에게 조사 'に'를 붙인다는 것만 꼭
기억하세요.

★ 사역수동형의 조사

先輩に　お酒を　飲ませられました。(＝飲まされました)
선배에게　술을　　마시게 함을 **당했습니다**

➡ 선배가 마시게 해서 어쩔 수 없이 마셨습니다.

友だちに　2時間も　待たせられました。(＝待たされました)
친구에게　2시간이나　기다리게 함을 **당했습니다**.

➡ 친구가 2시간이나 기다리게 해서 어쩔 수 없이 기다렸어요.

母に　ほうれんそうを　食べさせられました。
엄마에게　시금치를　　　먹게 함을 **당했습니다**.

➡ 엄마가 시금치를 먹게 해서 어쩔 수 없이 먹었습니다.

父に　アルバイトを　やめさせられました。
아빠에게　아르바이트를　　그만두게 함을 **당했습니다**

➡ 아빠가 아르바이트를 그만두게 해서 어쩔 수 없이 그만뒀습니다.

3 실생활 문장 익히기 ✨

 사역수동형을 생각하면서 실생활 예문을 읽어 보세요.

先生に 本を 読ませられました(読まされました)。

선생님이 책을 읽으라고 해서 **어쩔 수 없이 읽었습니다.**

先輩に お酒を 飲ませられました(飲まされました)。

선배가 술을 마시라고 해서 **어쩔 수 없이 마셨습니다.**

子供の時、母に ピアノを 習わせられました(習わされました)。 어렸을 때 엄마가 피아노를 배우라고 해서 배웠습니다.

友達に 1時間も 待たせられました(待たされました)。

친구가 한 시간이나 **기다리게 해서 기다렸습니다.**

父に にんじんを 食べさせられました。

아빠가 당근을 먹으라고 해서 먹었습니다.

カラオケに 行ったら 歌を 歌わせられます(歌わされます)。 노래방에 가면 **어쩔 수 없이 노래를 합니다.**

社長に 遅くまで 残業させられました。

사장님이 늦게까지 일을 시켜서 **어쩔 수 없이 야근했습니다.**

習う 배우다 ┃ にんじん 당근 ┃ 歌 노래 ┃ 遅くまで 늦게까지 ┃ 残業 잔업, 야근

4 확인 문제

작심삼일
극뽁!

✎ **다음 빈칸에 알맞은 히라가나를 넣어 보세요.**

① 선배가 술을 마시라고 해서 어쩔 수 없이 마셨습니다.

先輩(せんぱい)に お酒(さけ)を 飲(の)ま _____ ました。

② 친구가 한 시간이나 기다리게 해서 기다렸습니다.

友達(ともだち)に 1時間(いちじかん)も 待(ま)た _____ ました。

③ 아빠가 당근을 먹으라고 해서 먹었습니다.

父(ちち) _____ にんじん _____ 食(た)べさせられました。

④ 선생님이 책을 읽으라고 해서 어쩔 수 없이 읽었습니다.

先生(せんせい) _____ 本(ほん)を _____ ました。

✎ **우리말 문장에 맞게 일본어를 배열해 보세요.**

① 어렸을 때 엄마가 피아노를 배우라고 해서 배웠습니다.

子供(こども)の時(とき)、①ピアノ ②母(はは)に ③を ④習(なら)わせられました

➡ 子供(こども)の時(とき)、_____

② 노래방에 가면 어쩔 수 없이 노래를 합니다.

カラオケに ①歌(うた) ②行(い)ったら ③歌(うた)わされます ④を

➡ カラオケに _____

정답 189쪽

아홉 번째 작심삼일을 공부한 당신,
이 정도는 말할 수 있다!

★ **상황 1**

작심 씨가 붕대를 하고 회사에 왔네요. 사람들이 어디 아프냐고 물어봅니다. 작심 씨는 "어제 옆집 개에게 물렸습니다."라고 어떻게 말할까요?

➡

★ **상황 2**

드디어 취업에 성공한 삼일 씨! 축하합니다. 그런데 많이 피곤해 보이네요! "선배가 술을 마시라고 해서 어쩔 수 없이 술을 마셨습니다."라고 어떻게 말하면 좋을까요?

➡

상황1 : きのう となりの いぬに かまれました。
상황2 : せんぱいに おさけを のませられました。
　　　　 せんぱいに おさけを のまされました。

작심삼일 시작하면서부터
내 몸에 일본어의 피가 흐른다.

명령·경어 표현

おひるごはんは
めしあがりましたか。
점심은 드셨나요?

이 잘생김 실화냐..

넌 나에게 A++++

명령·경어 표현

드디어 열 번째 작심삼일이네요. 마지막으로 명령 표현과 경어 표현을 함께 살펴봐요. 명령은 다 알고 있는 것처럼 '~해, ~하렴'의 뜻으로 동사만 변형하면 됩니다. 그리고 우리는 윗사람에게 '어디 가요?'가 아니라 '어디 가십니까?'라고 하거나 '~해 드리겠습니다'라고 예의 바르게 표현하죠? 이것을 경어 표현이라고 해요. 경어 표현에는 말하는 사람이 상대를 직접 높여서 표현하는 존경어와 자기를 낮추어 겸손하게 말함으로써 결과적으로 상대방을 높여 주는 겸양어가 있어요. 그럼 작심삼일 마지막 이야기를 시작해 볼까요?

Day 1 **명령 표현 끝내기**

Day 2 **존경 표현 끝내기**

Day 3 **겸양 표현 끝내기**

명령 표현 끝내기

✐ 핵심문법 1단계 ✦✦

명령형은 '~해,~해라'라는 의미예요. 명령형도 동사 종류에 따라 형태가
달라져요.

★ **명령형**
- **1그룹**: 끝을 え단으로 바꾼다
- **2그룹**: る를 ➡ ろ로 바꾼다
- **3그룹**: 그냥 외우기 する ➡ しろ ｜ くる ➡ こい

	기본형		명령형	
1 그룹	いく	가다	いけ	가!
	いそぐ	서두르다	いそげ	서둘러!
	のむ	마시다	のめ	마셔!
	まつ	기다리다	まて	기다려!
2 그룹	みる	보다	みろ	봐!
	たべる	먹다	たべろ	먹어!
3 그룹	する	하다	しろ(せよ)	해!
	くる	오다	こい	와!

> **Tip** 자주 쓰는 명령형은 뭐가 있을까요?
> ┄┄┄┄┄┄┄┄┄┄┄┄┄┄┄┄┄┄┄┄┄┄┄┄┄┄┄┄┄
> ✓ とまる ➡ あぶない。とまれ。 ｜ 気をつける ➡ 気をつけろ。
>   멈추다   위험해!   멈춰!   조심하다   조심해!
> ✓ がんばる ➡ がんばれ。走れ。 ｜ 勉強する ➡ ちゃんと勉強しろ。
>   힘내다   힘내!   달려!   공부하다   제대로 공부해!

2 핵심문법 2단계

동사 ます형 + なさい(~하거라, ~해라) 혹은 동사 'て형'만으로도 명령 표현을 만들 수 있어요. 보통 여성들이 아이나 아랫사람에게 사용합니다.

★ **동사 ます형 + なさい** ~하거라!, ~해라!

本を 読みなさい。   책을 읽거라!(읽어라!)

ごはんを 食べなさい。   밥을 먹거라!(먹어라!)

勉強を しなさい。   공부를 하거라!(해라!)

★ **동사 て형** ~해!

本を 読んで。   책을 읽어!

ごはん 食べて。   밥 먹어!

勉強して。   공부해!

★ **동사 사전형 + な!** ~하지 마! (금지)

お酒を 飲むな。   술 마시지 마!

タバコを 吸うな。   담배 피우지 마!

---

3 실생활 문장 익히기

명령 표현을 생각하면서 실생활 예문을 읽어 보세요.

ゲームは もう やめなさい。

게임은 이제 **그만해라**.

早く 寝なさい。

빨리 **자라**.

お酒を 飲んだら 運転するな。

술을 마셨다면 **운전하지 마**!

それ 何。ちょっと 見せて。

그거 뭐야? 좀 **보여 줘**!

運動不足じゃない。少しは 走れよ。

운동 부족 아니야? 조금은 **뛰어**!

がんばれ。負けるな。

힘내! **지지 마**!

机の 上を 片付けなさい。

책상 위 좀 **정리하렴**.

やめる 그만두다 | 見せる 보여 주다 | 運動不足 운동 부족 | 走る 달리다 |
負ける 지다 | 片付ける 정리하다

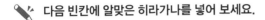

4 확인 문제

✎ **다음 빈칸에 알맞은 히라가나를 넣어 보세요.**

① 술을 마셨다면 운전하지 마!

お酒を 飲んだら 運転する ___ 。

② 게임은 이제 그만해라!

ゲームは もう ___ なさい。

③ 운동 부족 아니야? 조금은 뛰어!

運動不足じゃない？ 少しは 走 ___ よ。

④ 힘내! 지지 마!

がんば ___ 。 負ける ___ 。

🔊 **다음 문장을 일본어로 말해 보세요.**

1
빨리 자거라.

2
그거 뭐야?
좀 보여 줘!

3
책상 위 좀
정리하렴.

조금만 더
화이팅!!

정답 189쪽 ➤

존경 표현 끝내기

▌핵심문법 1단계

존경 표현은 말하는 사람이 상대방을 직접 높여 주는 표현이에요. 먼저 존경어 만드는 법을 알아봅시다.

★ **존경어**
- **존경 동사** : 특수 존경 동사
- **존경 공식1** : 일반 동사를 공식에 대입하기
- **존경 공식2** : 수동형 활용하기(존경의 정도가 낮음)

일반동사		특수 존경 동사	
行く	가다		가십니다
くる	오다	いらっしゃいます	오십니다
いる	있다		계십니다
言う	말하다	おっしゃいます	말씀하십니다
する	하다	なさいます	하십니다
くれる	주다	くださいます	주십니다
食べる	먹다	めしあがります	드십니다
飲む	마시다		
見る	보다	ごらんになります	보십니다
知っている	알고 있다	ごぞんじです	알고 계십니다

Tip 'いらっしゃる・おっしゃる・なさる・くださる'는 ます형이 'り'가 아니라 'い'로 바뀌는 것에 주의하세요~

2 핵심문법 2단계

존경 동사처럼 특수한 형태가 없는 동사들은 공식에 대입하면 간단해요.

★ 존경 공식1

> 동사의 ます형이란?
> 동사의 ます형에서 ます를 뺀
> 나머지를 말해요.

お + 동사 ます형 + になります

• 読みます ➡ お読みに なります
  읽습니다   읽으십니다

★ 존경 공식2

> 수동형으로의 변형은
> 아홉 번째 이야기로 가서
> 다시 한 번 체크합시다.

수동형을 활용한 존경 표현

• 書く ➡ 書かれる 쓰시다   する ➡ される 하시다

• 起きる ➡ 起きられる 일어나시다   くる ➡ こられる 오시다

★ 존경의 의뢰 표현

お + 동사 ます형 + ください   ご + 한자어 + ください

• しらせます ➡ おしらせ ください
  알립니다   알려 주세요

• 連絡 ➡ ご連絡 ください
  연락   연락해 주세요

---

3 실생활 문장 익히기 ✦

 존경 표현을 생각하면서 실생활 예문을 읽어 보세요.

韓国_{かんこく}には いつ いらっしゃいますか。
(=韓国_{かんこく}には いつ こられますか。)

한국에는 언제 **오십니까**?

お昼_{ひる}ご飯_{はん}は 召_めし上_あがりましたか。

점심은 **드셨습니까**?

日本_{にほん}に 旅行_{りょこう}**なさった** ことが ありますか。

일본을 여행**하신** 적이 있나요?

ここに ご住所_{じゅうしょ}と お名前_{なまえ}を お書_かきください。

여기에 주소와 이름을 **써 주세요**.

部長_{ぶちょう}は 何時_{なんじ}ごろ お戻_{もど}りになりますか。

부장님은 몇 시쯤 **돌아오십니까**?

この 本_{ほん}は 松本先生_{まつもとせんせい}が お書_かきになりました。

이 책은 마쓰모토 선생님이 **쓰셨습니다**.

お昼_{ひる}ご飯_{はん} 점심 (식사) | 旅行_{りょこう} 여행 | 戻_{もど}る 돌아오다, 돌아가다

✎ **다음 빈칸에 알맞은 히라가나를 넣어 보세요.**

❶ 한국에는 언제 오십니까?

韓国_{かんこく}には いつ いらっしゃ ☐ ますか。

❷ 일본에 여행하신 적이 있나요?

日本_{にほん}に 旅行_{りょこう} ☐☐ った ことが ありますか。

❸ 부장님은 몇 시쯤 돌아오십니까?

部長_{ぶちょう}は 何時_{なんじ}ごろ お戻_{もど}りに ☐ ますか。

❹ 이 책은 마쓰모토 선생님이 쓰셨습니다.

この 本_{ほん}は 松本先生_{まつもとせんせい}が お ☐ になりました。

🔊 **다음 문장을 일본어로 말해 보세요.**

1
점심은
드셨습니까?

2
한국에는 언제
오십니까?

3
여기에 이름을
써 주세요.

내일도
할꺼지?

정답 189쪽

겸양 표현 끝내기

Ⅰ 핵심문법 1단계 ✨

겸양 표현은 말하는 사람이 자신을 낮춰서 겸손하게 말함으로써 상대방을 높여 주는 효과가 있어요.

★ **겸양어**
- **겸양 동사:** 그냥 외우기
- **겸양 공식:** 일반동사를 공식에 대입하기

일반동사		겸양 동사	
行く	가다	まいります	갑니다, 옵니다
くる	오다		
いる	있다	おります	있습니다
言う	말하다	もうします	말합니다
見る	보다	はいけんします	보겠습니다
する	하다	いたします	하겠습니다
食べる	먹다	いただきます	잘 먹겠습니다
飲む	마시다	いただきます	잘 마시겠습니다
聞く	듣다, 묻다	うかがいます	여쭙겠습니다
訪ねる	방문하다	うかがいます	찾아뵙겠습니다
知っている	알고 있다	ぞんじています	알고 있습니다
あげる	주다	さしあげます	드리겠습니다
もらう	받다	いただきます	받겠습니다

2 핵심문법 2단계 ✧✩

겸양 동사처럼 특수한 형태가 없는 동사들은 공식에 대입하면 돼요.

★ **겸양 공식**

お + 동사 ます형 + します(いたします)

- おくります ➡ お おくり します

  보냅니다   보내드리겠습니다

- しらせます ➡ お しらせ いたします

  알립니다   알려드리겠습니다

> **Tip** 겸양어는 언제 사용하면 될까요?
>
> 선생님이나 어르신이 무거운 짐을 들고 있을 때, 뭐라고 말하면 될까요? 나를 낮춰서 "제가 들겠습니다."라고 말하죠. 이때 바로 겸양어를 생각하면 돼요.
> '들다'가 일본어로 '持つ'이니까, 이 동사를 겸양어 공식에 대입하면 'お + 持ち + します(いたします)'가 돼요.

ご + 한자어 + します(いたします)

- 説明 ➡ ご 説明 します

  설명   (제가) 설명하겠습니다

- 連絡 ➡ ご 連絡 いたします

  연락   (제가) 연락드리겠습니다

3 실생활 문장 익히기 ✨

 겸양 표현을 생각하면서 실생활 예문을 읽어 보세요.

何か お手伝いしましょうか。

뭔가 도와 드릴까요?

私が 荷物を お持ちいたします。

제가 짐을 **들겠습니다.**

お宅まで 車で お送りします。

댁까지 차로 **모셔다 드리겠습니다.**

先生に お土産を いただきました。

선생님께 선물을 **받았습니다.**

明日 資料を 取りに うかがいます。

내일 자료를 가지러 **방문하겠습니다.**

ソウルは 私が ご案内します。

서울은 제가 **안내하겠습니다.**

明日 ご連絡いたします。

내일 **연락하겠습니다.**

にもつ 짐 | お宅 댁 | お土産 선물 | 資料 자료 | 案内 안내 | 連絡 연락

4 확인 문제

✎ **다음 빈칸에 알맞은 히라가나를 넣어 보세요.**

① 도와 드릴까요?

お　　　　　　　　　しましょうか。

② 서울은 제가 안내하겠습니다.

ソウルは 私_{わたし}が　　案内_{あんない}　　　　　。

③ 제가 짐을 들겠습니다.

私_{わたし}が 荷物_{にもつ}を お　　　　　いたします。

④ 내일 연락하겠습니다.

明日_{あした} ご連絡_{れんらく}　　　　　　　　。

✎ **우리말 문장에 맞게 일본어를 배열해 보세요.**

① 내일 자료를 가지러 방문하겠습니다.

明日_{あした}　①資料_{しりょう}を　②に　③うかがいます　④取_とり

➡ 明日_{あした}

② 댁까지 차로 모셔다 드리겠습니다.

お宅_{たく}　①まで　②お送_{おく}りします　③車_{くるま}　④で

➡ お宅_{たく}

정답 189쪽

열 번째 작심삼일을 공부한 당신, 이 정도는 말할 수 있다!

★ 상황 1

새로 온 직원이 뭔가 힘들어 보이네요. "뭔가 도와 드릴까요?"라고 어떻게 말하면 좋을까요?

➡

_____

★ 상황 2

회사에서 항상 친절하게 대해 주는 작심 씨에게 호감을 갖게 된 삼일 씨, "점심은 드셨습니까?"라고 말을 걸고 싶네요. 어떻게 말하면 좋을까요?

➡

_____

상황1 : なにか おてつだいしましょうか。
상황2 : おひるごはんは めしあがりましたか。

하기 싫어 죽을 뻔했는데 안 죽고 해냈다.
사람 그렇게 쉽게 안 죽더라?

부록

★ 숫자

0	ぜろ/れい	11	じゅういち	40	よんじゅう
1	いち	12	じゅうに	50	ごじゅう
2	に	13	じゅうさん	60	ろくじゅう
3	さん	14	じゅうよん	70	ななじゅう
4	よん/し	15	じゅうご	80	はちじゅう
5	ご	16	じゅうろく	90	きゅうじゅう
6	ろく	17	じゅうしち/じゅうなな	100	ひゃく
7	しち/なな	18	じゅうはち	1000	せん
8	はち	19	じゅうきゅう/じゅうく	10000	いちまん
9	きゅう/く	20	にじゅう		
10	じゅう	30	さんじゅう		

★ 시간

	~時 / ~시	~分 / ~분	~月 / ~월
1	いちじ	いっぷん	いちがつ
2	にじ	にふん	にがつ
3	さんじ	さんぷん	さんがつ
4	よじ	よんぷん	しがつ
5	ごじ	ごふん	ごがつ
6	ろくじ	ろっぷん	ろくがつ
7	しちじ	ななふん	しちがつ
8	はちじ	はっぷん	はちがつ
9	くじ	きゅうふん	くがつ
10	じゅうじ	じゅっぷん	じゅうがつ
11	じゅういちじ	じゅういっぷん	じゅういちがつ
12	じゅうにじ	じゅうにふん	じゅうにがつ
20		にじゅっぷん	
30		さんじゅっぷん/ はん(반)	
몇	なんじ	なんぷん	なんがつ

★ 요일과 날짜

にちようび 日曜日 일	げつようび 月曜日 월	かようび 火曜日 화	すいようび 水曜日 수	もくようび 木曜日 목	きんようび 金曜日 금	どようび 土曜日 토
	1日 ついたち	2日 ふつか	3日 みっか	4日 よっか	5日 いつか	6日 むいか
7日 なのか	8日 ようか	9日 ここのか	10日 とおか	11日 じゅういち にち	12日 じゅうに にち	13日 じゅうさん にち
14日 じゅう よっか	15日 じゅうご にち	16日 じゅうろく にち	17日 じゅうしち にち	18日 じゅうはち にち	19日 じゅうく にち	20日 はつか
21日 にじゅう いちにち	22日 にじゅう ににち	23日 にじゅう さんにち	24日 にじゅう よっか	25日 にじゅう ごにち	26日 にじゅう ろくにち	27日 にじゅう しちにち
28日 にじゅう はちにち	29日 にじゅう くにち	30日 さんじゅう にち	31日 さんじゅう いちにち			何日 なんにち

★ 시제

그제 おととい	어제 きのう	오늘 きょう	내일 あした	모레 あさって
지지난주 せんせんしゅう	지난주 せんしゅう	이번 주 こんしゅう	다음 주 らいしゅう	다다음 주 さらいしゅう
지지난달 せんせんげつ	지난달 せんげつ	이번 달 こんげつ	다음 달 らいげつ	다다음 달 さらいげつ
재작년 おととし	작년 きょねん さくねん	올해 ことし	내년 らいねん	내후년 さらいねん

★ 형용사 및 명사의 접속 활용표

표현 유형 접속어 형용사 명사	기본형 ～い / だ (～다)	정중 표현 ～です (～입니다)	부정 표현 ～くない ～じゃない (～지 않다)	연결 표현 ～くて ～で (～고, ～서)
い 형용사	ひろい 넓다	ひろいです 넓습니다	ひろくない 넓지 않다	ひろくて 넓고(어서)
	うれしい 기쁘다	うれしいです 기쁩니다	うれしくない 기쁘지 않다	うれしくて 기쁘고(뻐서)
	いい(よい) 좋다	いいです よいです 좋습니다	よくない 좋지 않다	よくて 좋고(아서)
	すくない 적다	すくないです 적습니다	すくなくない 적지 않다	すくなくて 적고(어서)
	はやい 빠르다	はやいです 빠릅니다	はやくない 빠르지 않다	はやくて 빠르고(빨라서)
い 형용사형	食べたい 먹고 싶다	食べたいです 먹고 싶습니다	食べたくない 먹고 싶지 않다	食べたくて 먹고 싶지 않고(아서)
な 형용사	すきだ 좋아하다	すきです 좋아합니다	すきじゃない 좋아하지 않다	すきで 좋아하고(해서)
	同じだ 같다	同じです 같습니다	同じじゃない 같지 않다	同じで 같고(아서)
명사+だ	学生だ 학생이다	学生です 학생입니다	学生じゃない 학생이 아니다	学生で 학생이고(어서)

과거 표현	과거 정중 표현	형용사적 표현 (명사 수식)	부사적 표현 (동사 수식)
~かった ~だった (~었다)	~かったです ~でした (~었습니다)	い / な / の (~은/한/인)	~くなる / ~になる (~해 지다)
ひろかった 넓었다	ひろかったです 넓었습니다	ひろい + 명사 넓은 + 명사	ひろくなる 넓어지다
うれしかった 기뻤다	うれしかったです 기뻤습니다	うれしい + 명사 기쁜 + 명사	うれしくなる 기뻐지다
よかった 좋았다	よかったです 좋았습니다	いい(よい) + 명사 좋은 + 명사	よくなる 좋아지다
すくなかった 적었다	すくなかったです 적었습니다	すくない + 명사 적은 + 명사	すくなくなる 적어지다
はやかった 빨랐다	はやかったです 빨랐습니다	はやい + 명사 빠른 + 명사	はやくなる 빨라지다
食べたかった 먹고 싶었다	食べたかったです 먹고 싶었습니다	食べたい + 명사 먹고 싶은 + 명사	食べたくなる 먹고 싶어지다
すきだった 좋아했다	すきでした 좋아했습니다	すきな + 명사 좋아하는 + 명사	すきになる 좋아지다
同じだった 같았다	同じでした 같았습니다	同じ + 명사 같은 + 명사	同じになる 같아지다
学生だった 학생이었다	学生でした 학생이었습니다	学生の + 명사 학생 + 명사	学生になる 학생이 되다

표현유형 접속어 동사종류	기본형 ~u (~다)	ます형(정중형) ~ます (~ㅂ니다)	ない형(부정형) ~ない (~않다)	て형(연결형) ~て (~고, ~서)
1그룹 동사	出_だす 꺼내다	だします 꺼냅니다	ださない 꺼내지 않다	だして 꺼내고(서)
	行_いく 가다	いきます 갑니다	いかない 가지 않다	いって 가고(서)
	書_かく 쓰다	かきます 씁니다	かかない 쓰지 않다	かいて 쓰고(써서)
	泳_{およ}ぐ 수영하다	およぎます 수영합니다	およがない 수영하지 않다	およいで 수영하고(해서)
	死_しぬ 죽다	しにます 죽습니다	しなない 죽지 않다	しんで 죽고(어서)
	読_よむ 읽다	よみます 읽습니다	よまない 읽지 않다	よんで 읽고(어서)
	飛_とぶ 날다	とびます 납니다	とばない 날지 않다	とんで 날고(날아서)
	言_いう 말하다	いいます 말합니다	いわない 말하지 않다	いって 말하고(말해서)
	待_まつ 기다리다	まちます 기다립니다	またない 기다리지 않다	まって 기다리고(려서)
	乗_のる 타다	のります 탑니다	のらない 타지 않다	のって 타고(서)
	切_きる 자르다(예외)	きります 자릅니다	きらない 자르지 않다	きって 자르고(잘라서)
2그룹 동사	見_みる 보다	みます 봅니다	みない 보지 않다	みて 보고(봐서)
	寝_ねる 자다	ねます 잡니다	ねない 자지 않다	ねて 자고(서)
3그룹 동사	する 하다	します 합니다	しない 하지 않다	して 하고(해서)
	来_くる 오다	きます 옵니다	こない 오지 않다	きて 오고(와서)

た형(과거형)	가정형	명령형	의지·권유형
~た (~었다)	~ば (~면)	~ろ(よ) (~해라)	~う/よう (~해야지, 하자)
だした 꺼냈다	だせば 꺼내면	だせ 꺼내라	だそう 꺼내야지, 꺼내자
いった 갔다	いけば 가면	いけ 가라	いこう 가야지, 가자
かいた 썼다	かけば 쓰면	かけ 써라	かこう 써야지, 쓰자
およいだ 수영했다	およべば 수영하면	および 수영해라	およごう 수영해야지, 수영하자
しんだ 죽었다	しねば 죽으면	しね 죽어라	しのう 죽어야지, 죽자
よんだ 읽었다	よめば 읽으면	よめ 읽어라	よもう 읽어야지, 읽자
とんだ 날았다	とべば 날으면	とべ 날아라	とぼう 날아야지, 날자
いった 말했다	いえば 말하면	いえ 말해라	いおう 말해야지, 말하자
まった 기다렸다	まてば 기다리면	まて 기다려라	まとう 기다려야지, 기다리자
のった 탔다	のれば 타면	のれ 타라	のろう 타야지, 타자
きった 잘랐다	きれば 자르면	きれ 잘라라	きろう 잘라야지, 자르자
みた 봤다	みれば 보면	みろ 봐라	みよう 봐야지, 보자
ねた 잤다	ねれば 자면	ねろ 자라	ねよう 자야지, 자자
した 했다	すれば 하면	しろ(せよ) 해라	しよう 해야지, 하자
きた 왔다	くれば 오면	こい 와라	こよう 와야지, 오자

정답

첫 번째 작심삼일
명사·존재표현

Day 1 명사끝내기

✎ 히라가나를 넣어 보세요. ······ 21

① です　　　② でした
③ じゃない　　④ でした

🔊 말해 보세요. ······ 21

① わたしは こうこうせいです。
② さとうさんは かいしゃいんですか。
③ わたしは にほんじんじゃないです。
　（＝にほんじんじゃありません。）

Day 2 지시대명사끝내기

✎ 히라가나를 넣어 보세요. ······ 25

① あれ / の　　② これ / の
③ の / さいふ　　④ その / のじゃ

🔊 말해 보세요. ······ 25

① いりぐちは どちらですか。
② これは にほんの おかねです。
③ トイレはどこですか。

Day 3 존재·위치 표현 끝내기

✎ 히라가나를 넣어 보세요. ······ 29

① の / に / います② なか / いません
③ は / あります　④ ありません

✎ 배열해 보세요. ······ 29

① えきの ❸❷❶❹
② くるまの ❸❶❷❹

두 번째 작심삼일
형용사

Day 1 い형용사 끝내기

✎ 히라가나를 넣어 보세요. ······ 37

① くて　　　② くない
③ よく　　　④ い

🔊 말해 보세요. ······ 37

① やすくて おいしいです。
② かいものは たのしい。
③ わたしの へやは せまいです。

Day 2 な형용사 끝내기

✎ 히라가나를 넣어 보세요. ······ 41

① な　　　　② が / です
③ で / です　　④ な

🔊 말해 보세요. ······ 41

① どんな たべものが すきですか。
② この こうえんは しずかじゃないです。
　（＝しずかじゃありません。）
③ えいごは あまり じょうずじゃないで
　す。（＝じょうずじゃありません。）

Day 3 형용사의 과거형 끝내기

✎ 히라가나를 넣어 보세요. ······ 45

① だった　　② かった
③ なかった　　④ でした

✎ 배열해 보세요. ······ 45

① しけんは ❸❶❹❷
② きのうは ❷❹❶❸

정답

세 번째 작심삼일
동사 ます형

Day 1 동사 분류하기

✎ 히라가나를 넣어 보세요. 53

① ます
② を / し
③ り
④ に / り

🔊 말해 보세요. 53

① 本を買います。
② コーヒーを飲みます。
③ 友だちに会います。

Day 2 ます형 활용 끝내기

✎ 히라가나를 넣어 보세요. 57

① を / ました
② を / ませんでした
③ ません
④ に / ました

🔊 말해 보세요. 57

① 今電車に乗りました。
② メールを送りました。
③ 朝ごはんを食べませんでした。

Day 3 ます형 문형 끝내기

✎ 히라가나를 넣어 보세요. 61

① のみ
② ながら / ます
③ かた
④ を / に / ます

✎ 배열해 보세요. 61

① レシピを ❸❷❹❶
② 手紙を ❸❶❹❷

네 번째 작심삼일
동사 て형

Day 1 동사 て형 만들기

✎ 히라가나를 넣어 보세요. 69

① って
② かいて
③ みて / のみ
④ てから / に / ます

🔊 말해 보세요. 69

① ソースをかけて食べてください。
② 明日までにメールを送ってください。
③ 山手線にのりかえて新宿駅に行きます。

Day 2 동사 て형 관련 문형

✎ 히라가나를 넣어 보세요. 73

① て / ても
② しまい
③ たい
④ ては

🔊 말해 보세요. 73

① 授業に遅れてはいけません。
② 早く家へ帰ってもいいですか。
③ 窓を閉めてもいいですか。

Day 3 동사 た형 만들기

✎ 히라가나를 넣어 보세요. 77

① たり / たり
② こと
③ ほう
④ だり / します

✎ 배열해 보세요. 77

① 朝ごはんは ❷❶❹❸
② 家で ❷❶❹❸

일곱 번째 작심삼일
가정·의지 표현

Day 1 가정 표현 と・ば 끝내기

✏️ 히라가나를 넣어 보세요. 117

① のめ   ② けれ / ても
③ け   ④ べる

🔊 말해 보세요. 117

① 安ければ買います。
② まっすぐ行くと駅があります。
③ このボタンを押すとカップラーメンが出ます。

Day 2 가정 표현 たら・なら끝내기

✏️ 히라가나를 넣어 보세요. 121

① なら   ② どうしたら
③ なら   ④ たら

🔊 말해 보세요. 121

① 温泉なら別府がいいですよ。
② 宝くじにあたったら何がしたいですか。
③ 駅に着いたら電話してください。

Day 3 의지 표현 끝내기

✏️ 히라가나를 넣어 보세요. 125

① しない / です   ② よう
③ しようと   ④ つもり

✏️ 배열해 보세요. 125

① 2時の ❷❶❹❸
② 来年は ❹❶❸❷

여덟 번째 작심삼일
추측 표현

Day 1 そうだ 끝내기

✏️ 히라가나를 넣어 보세요. 133

① ふる   ② そう
③ なさ   ④ むずかし

🔊 말해 보세요. 133

① 彼はちょっと遅れるそうです。
② あの服は高そうですね。
③ このかばんは丈夫そうです。

Day 2 ようだ 끝내기

✏️ 히라가나를 넣어 보세요. 137

① な   ② の
③ こない   ④ みたい(のよう)

🔊 말해 보세요. 137

① 先生は今日休みみたいです。
 (= 先生は今日休みのようです。)
② 風邪をひいたようです。
 (= 風邪をひいたみたいです。)
③ 熱があるようです。
 (= 熱があるみたいです。)

Day 3 らしい 끝내기

✏️ 히라가나를 넣어 보세요. 141

① あめ   ② しずか
③ でしょう   ④ らしい

✏️ 배열해 보세요. 141

① うわさでは ❷❶❹❸
② あの ❸❶❷❹

일러스트 뿡작가 ★

국민대학교 디자인대학원에서 석사 과정을 마쳤으며
현재 브랜드 콜라보,디지털아이템, 전시, 출판 등
다양한 작품 활동과 강의를 하고 있습니다.

인스타그램 @321bboom
https://blog.naver.com/rem_ey

작심3일 10번으로 일본어 끝내기

초판발행	2019년 1월 21일
1판 5쇄	2023년 1월 30일
저자	오채현
책임편집	조은형, 무라야마 토시오, 김성은
펴낸이	엄태상
디자인	권진희, 진지화
콘텐츠 제작	김선웅, 장형진
마케팅	이승욱, 왕성석, 노원준, 조성민, 이선민
경영기획	조성근, 최성훈, 정다운, 김다미, 최수진, 오희연
물류	정종진, 윤덕현, 신승진, 구윤주
펴낸곳	시사일본어사(시사북스)
주소	서울시 종로구 자하문로 300 시사빌딩
주문 및 교재 문의	1588-1582
팩스	0502-989-9592
홈페이지	www.sisabooks.com
이메일	book_japanese@sisadream.com
등록일자	1977년 12월 24일
등록번호	제300 - 2014 - 31호

ISBN   978-89-402-9248-8   13730

상 장

작심완성 상   이름 : _____

위 사람은 매번 실패하는 사람들의
모범이 되어 작심삼일을 열 번이나
해냈으므로 이 상장을 수여합니다.

년   월   일
시사일본어사

  작심3일 10번의 여정을 마친 스스로를 아낌없이 칭찬하세요!
점선을 따라 오려 나에게 상장을 수여해 보세요.